武

国家出版基金项目
NATIONAL PUBLICATION FOUNDATION

李惠 主编 / 曾卫红 动作示范

武术中国

太极养心功

曾乃梁　卫香莲 编著

中原出版传媒集团
中原传媒股份公司
河南电子音像出版社
·郑州·

图书在版编目（CIP）数据

太极养心功 / 曾乃梁，卫香莲编著．— 郑州：河南电子音像出版社，2021.11
（武术中国）
ISBN 978-7-83009-245-0

Ⅰ．①太… Ⅱ．①曾… ②卫… Ⅲ．①太极拳－基本知识 Ⅳ．①G852.11

中国版本图书馆CIP数据核字（2018）第247671号

太极养心功

曾乃梁　卫香莲　编著

出 版 人：温新豪　　选题策划：郭笑丹
责任编辑：贾大伟　　责任校对：李晓杰
装帧设计：刘运来工作室　　造型设计：赵雨琪
摄　　像：林伟峰　徐瑞勋　　视频后期：范丽娜　李沃桐　韩小枝
录　　音：胡　辉　王　珅　　美　　工：张　勇　李景云　郭　宾

出版发行：河南电子音像出版社
地　　址：郑州市郑东新区祥盛街27号
邮政编码：450016
经　　销：全国新华书店
印　　刷：辉县市伟业印务有限公司
开　　本：787 mm×1092 mm　1/16
印　　张：7.75印张
字　　数：126千字
版　　次：2021年11月第1版
印　　次：2021年11月第1次印刷
定　　价：56.00元

1. 曾乃梁任首届世界武术锦标赛中国队领队时率队进场
2. 在首届东亚运动会上，曾乃梁等人向恩师、著名武术家张文广教授敬酒
3. 在首届东亚运动会上，曾乃梁作为中国武术队主教练和女队员合影
4. 曾乃梁作为第十二届亚运会中国武术队主教练与队员合影

5. 曾乃梁和爱徒高佳敏、林秋萍、陈思坦在第二届世界太极交流大赛上合影
6. 曾乃梁指导爱徒邱亦香和潘淑琴夫妇习武
7. 曾乃梁与夫人卫香莲习练“太极拳对练”
8. 曾乃梁与爱徒、世界男子太极拳冠 w 演示“太极拳对练”

9. 卫香莲在海边练功
10. 曾乃梁指导爱徒、世界女子太极拳冠军高佳敏

11. 曾乃梁指导爱女曾卫红演练“太极双珠”
12. 卫香莲带领拳友习练太极养心功

13. 曾乃梁应邀到联合国总部做太极拳讲演
14. 曾乃梁与爱徒、国际大赛冠军林秋萍合影
15. 曾乃梁指导国外太极拳爱好者

THE UNITED NATIONS
CHINESE LANGUAGE PROGRAMME

HEREBY PRESENTS THIS CERTIFICATE TO

Prof. ZENG Nailiang

GRAND MASTER OF TAIJI & HEALTH QIGONG
COACH OF INTERNATIONAL TAIJI CHAMPIONS

IN APPRECIATION OF HIS EXCELLENT PRESENTATION & DEMONSTRATION OF
TAI CHI & HEALTH
AT THE UNITED NATIONS ON TUESDAY, 3 APRIL, 2012

Dr. Yong Ho, Supervisor, UN Chinese Language Programme

真的很受益

“打”进联合国的太极拳泰斗曾乃梁

太极拳进入联合国

16. 曾乃梁指导爱徒、女子世界枪术冠军魏丹彤
17. 曾乃梁指导本书执行主编郑成伟打太极拳
18. 联合国有关组织为曾乃梁颁发的感谢状
19. 曾乃梁在联合国总部讲演的部分报道

20. 曾乃梁被聘为“国家体育总局武术研究院专家委员会专家”的聘书
21. 曾乃梁获得的部分证书、奖杯、奖牌
22. 曾乃梁在《中华武术》三十年颁奖盛典上获得的“最具武术影响力人物”奖杯

乃梁老师惠存：

杰出教练
武术功臣

第七任中国武术协会
主席
李杰

总序

吴彬

中国武术研究院专家委员会委员
国家级武术教练
享受国务院政府特殊津贴专家
中国武术九段
国际武术联合会技术委员会原主任
亚洲武术联合会技术委员会主任
中国武术协会副主席
北京武术院院长

文化是民族的血脉，是人民的精神家园。中华文化独一无二的理念、智慧、气度、神韵，增添了中国人民内心深处的自信和自豪。中华武术是中华传统文化中的重要部分，是弘扬中华文明的重要渠道。说起武术，就不能不提河南，少林和太极，那是享誉全球！

党的十八大以来，以习近平同志为核心的党中央高度重视、关心体育工作，将全民健身上升为“实施中国战略”，推动了全民健身和全民健康深度融合。2017 年 8 月在天津举办的第十三届全运会即将开幕之际，习近平总书记在会见全国体育先进单位和先进个人代表等时强调，加快建设体育强国，就要坚持以人民为中心的思想，把人民作为发展体育事业的主体，把满足人民健身需求、促进人的全面发展作为体育工作的出发点和落脚点，落实全民健身国家战略，不断提高人民健康水平。

河南电子音像出版社出版的这套“武术中国”系列图书自立项以来，就以起点高、形式新等诸多优点，受到广泛关注，并于 2016 年入选“十三五”国家重点图书、音像、电子出版物出版规划，2019 年入选国家出版基金项目。

“武术中国”系列图书底蕴深厚、权威性高，又贴近读者，实操性强。它不仅仅挖掘、整理了我国优秀传统武术文化，而且着力突出武术这一传统文化在健身、提高全民素质上的重要意义，引导读者从健康、健身的视角看待和尝试中国传统武术。这套丛书的作者大多是我国武术界的著名老师，如朱天才、梁以全、曾乃梁等。这套丛书还首创了积木式教学、动作加呼吸的高阶健身方式，以及在传统武术中融入中国古典音乐、书法等元素符号，提高了读者阅读兴趣和出版物品位。所谓积木式教学，就是把教学单元分解为每一个动作对应一个视频，比如陈氏太极拳老架一路有 74 个动作，积木式教学就是把教学分解为 74 个教学单元，读者掌握单个动作后可自主进行套路学习。书中每个教学动作之后附有二维码，读者通过手机扫描二维码可随时在线观看视频。这种方式的教学降低了读者的学习门槛，提升了他们的学习兴趣。

希望这套丛书的出版，能使广大读者深入了解、喜爱我们的民族瑰宝，开启新时代健康精彩的人生！

吴彬

序

《太极养心功》一书即将与读者见面了，作为一名武坛的老兵（我从 12 岁开始习武），确实从心底里感到高兴，因为这是我们将太极拳养生与中医的经络穴位很好结合的又一次尝试和探索。

我从 1953 年开始习武，从太极拳入门，多年来从未间断，对练拳给人的身心方面带来的益处深有体会。1959 年，我考入北京体育大学，师从著名武术家、武林泰斗张文广教授，太极拳师从著名武术家李天骥先生。1967 年研究生毕业后，曾经在河南安阳市担任业余体校武术队教练，后于 1977 年调回福建，组建福建省武术队，并任了 20 年的主教练，其间曾培训出 130 多人的全国冠军、亚运会冠军和世界冠军。

2001 年退休之后，我给自己定的首要任务就是推广太极拳，为国民的健康服务，与武术副教授、中国武术七段卫香莲，中国武术和健身气功双七段、国家级社会体育指导员曾卫红，还有众位弟子共同在海内外普及太极拳运动。在传播拳械运动的过程中，我越发认识到太极拳运动独有的健康养生价值，越发认识到"太极状态"即阴阳完美结合与和谐状态的现代科学价值，越发认识到太极拳与传统中医这两个中华民族的瑰宝互相融合后带来的时代价值。

近年来，我同卫香莲副教授、曾卫红老师一起创编了“华武太极扇”(2 套)、“华武太极杆”(2 套)、“华武剑”“华武太极珠”“太极拳对练”(3 套)、“六手太极功”(2 套)、“六六颈椎功”和“拉筋拍打功”等，并拍摄成 DVD。2018 年，与河南电子音像出版社合作拍摄了《太极养心功》《太极助眠功》《活力 600 秒》及《太极 16 式快拳》等教学视频，力求在太极拳养生和“治未病”的价值方面再做新的探索。

大家知道，“心为君主之官”，攸关生死存亡。而当前，随着国民生活水平的提高，人们的饮食结构和生活方式发生了变化，不合理的饮食结构和生活方式使得以冠心病为首的心脑血管疾病的发病率大大提高，发病年龄也日趋年轻化，对人们的身心健康造成巨大的威胁。太极拳运动动中寓静、静中寓动，能有效地畅通气血，被称为“动脉血管的保护神”，成为心血管疾病的克星。而中医的经络穴位中也分布着对心血管系统起重要影响的心包经、心经，这里有打通心血管的特效“开关”。所以，我们这套《太极养心功》，既从太极拳套路中精选出对护心养心效果显著的一些动作编成三组动作，又从手厥阴心包经和手少阴心经中精选出一些对护心养心作用大的穴位，也编成三组动作，让读者进行揉、按、拍、打，促使心肌周围气血畅通。同时，提倡从饮食、心理、运动及睡眠等诸方面多管齐下，综合防治，提升个体免疫系统的功能，从根本上护心养心。

健康是人类永恒的追求，健康对任何人来说都是无价之宝，没有健康，怎能享受小康。现在流行一个新的概念，叫作“健康寿命”，是指不用他人护理能够独立地安排起居、健康活着的寿命。太极拳和中医有着非常紧密的“血缘”关系，二者的高度融合，必将迸发出更加绚丽的光彩，一定会为人类延长“健康寿命”做出更大的贡献。

曾国藩最喜欢的一句座右铭是“花未全开月未圆”，我对这句话也十分崇尚。“花未全开”表明它处于一种不饱满的状态，仍有上升的空间；而“月未圆”则表明它处于一种未圆满的状态，仍有发展的空间。所以，学习和耕耘、继承和创新也永无止境，永远都在路上。我们愿意在太极养生及中医防病的探索中不断砥砺前行，为“健康中国”的伟大事业奉献出一点有筋骨、有温度的方案。

由于水平有限及时间仓促，书中定有不当之处，敬请专家和广大读者批评、指正。

曾乃梁

前言

中国武术历史悠久，源远流长，少林功夫享誉全球，太极拳传遍天下。少林功夫、太极拳均发源于河南，形式多样、内容丰富、特点突出、风格独特，是中华文化的重要组成部分。它们因体系完整、技术精湛、社会用途广泛而享誉中外。

早期社会中的各类防守、攻击等形式，在中华文明发展过程中，逐步演化为少林、太极等强身健体的武术文化。随着中华文化在世界范围内的传播，武术文化逐渐走向世界。少林武术与太极拳在海外均有大批爱好者，其中有些爱好者不远万里来到中国，探访少林寺与陈家沟，拜师学艺，传播武术文化。

2020 年 12 月 17 日，联合国教科文组织保护非物质文化遗产政府间委员会会议宣布，将“太极拳”列入联合国教科文组织人类非物质文化遗产代表作名录。太极拳，正式成为世界非物质文化遗产的一分子，成为我国传统武术类非遗项目中唯一的人类非物质文化遗产，也是我国第 41 个列入联合国教科文组织非物质文化遗产名录的项目。

“大道之源，法式于地，取象于天。” 太极拳成功申遗，是太极文化、武术文化进一步走向世界的重要里程碑。太极拳蕴含和而不同的文化追求，淡化竞争、和睦相处的交往智慧，倡导互利共赢的价值观念，将在全球跨文化传播中发挥更加重要的作用。武术作为我国优秀传统文化，是文化自信的重要组成部分，也是中华文化“走出去”的重要内容。

河南电子音像出版社长期致力于武术文化的宣传和推广，出版过大量的精品武术产品，以百集“中国民间武术经典”为代表，其在国内外发行之后，深受广大人士武术界的欢迎和好评。此次“武术中国”系列出版工程，以中国博大精深的武术文化为核心内容，邀请诸多武术名家从少林武术和太极拳以及其他拳种的历史演变、风格特点、文化特点、养生健体功效、传世歌诀、套路概述、拳术套路、器械套路等方面详细阐述，以此普及传统套路，挖掘稀有套路。

“武术中国”系列于 2016 年入选“十三五”国家重点图书、音像、电子出版物出版规划，2019 年获得国家出版基金扶持。这套丛书的出版发行，将有力促进中原武术文化的发展和繁荣，对传播、推广、弘扬我们的国粹，传承中华民族的优秀武术文化，起到巨大的作用。

需要指出的是，本套书中图片分解动作是对于入门者而言的基本动作，而视频演练者都是精熟于这些动作的武术行家，所以他们在演练时动作快速连贯、行云流水，从而有个别动作在力度、速度等方面与书中静止的图片分解动作或存在些许出入。初练者在长期反复地练习后，也能做到熟能生巧、灵活运用。

本丛书在编写过程中，得到中国武术协会副主席吴彬先生的大力支持，主编李惠女士、郑跃峰先生为丛书编写也付出了巨大努力，我们表示衷心感谢！参与丛书编纂的各位作者、演练示范者、编辑、校对等，参与视频、图片摄制的各位同仁，对于大家的辛苦付出，在此一并致谢！

编者

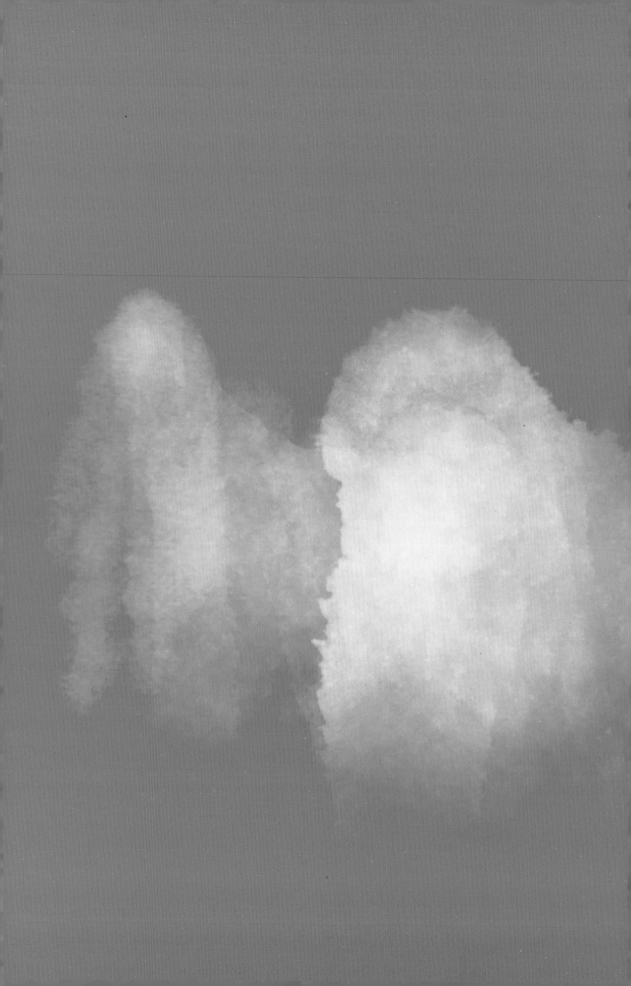

目录

太极养心功

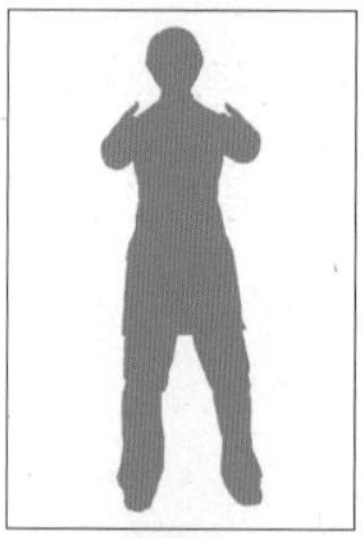
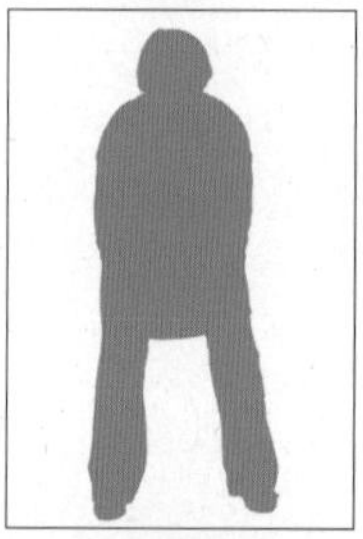
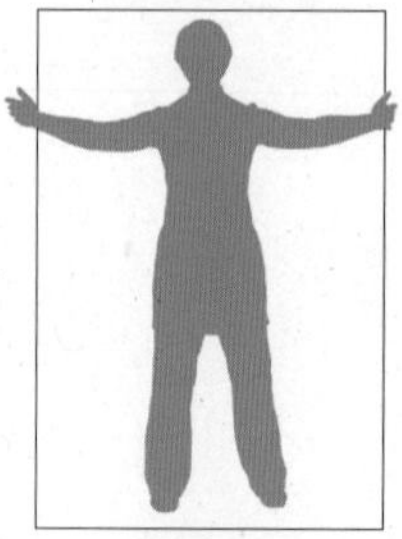

01 第一章 太极与养心

03 第一节 养生乐在太极

07 第二节 养心是为何

11 第三节 太极何以养心

15 第二章 太极养心功

17 第一节 太极养心功简介及动作名称

17 一、简介

18 二、动作名称

19 第二节 太极养心功图解与要点提示

19 一、升降搂推手

26 二、开合浑元桩

30 三、左右穿滚掌

31 1. 前后穿掌

32 2. 前后滚掌

33 3. 左右滚掌

38 四、揉叩拍心区

38 1. 揉按心区

40 2. 轻叩心区

41 3. 轻拍心区

43 五、点按三穴位

46 六、拍打三穴位

51 收功

51 1. 拍打左臂手三阴三阳经

53 2. 拍打右臂手三阴三阳经

55 3. 拍打胸腹两侧

55 4. 拍打两腿外侧足三阳经

56 5. 拍打两腿内侧足三阴经

59 第三节 练习太极养心功注意事项

59 一、心静体松，柔和缓慢

60 二、放慢呼吸，深长匀细

61 三、凝神调息，意贯经络

62 四、时段合理，持之以恒

63 五、可分可合，灵活养心

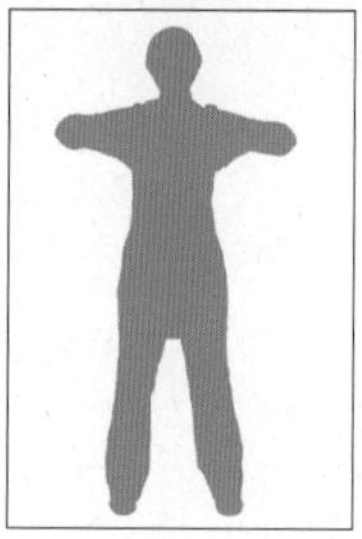

65 第三章 做个好“心”人

67 一、保持乐观，愉悦身心

68 二、合理饮食，拥抱健康

70 三、劳逸结合，生活规律

71 四、戒烟限酒，饮茶有道

73 五、适度运动，护心有方

75 六、晚餐少吃，口腔卫生

77 附录

79 附录一 时辰经络养生要点

91 附录二 年轻的心

94 后记

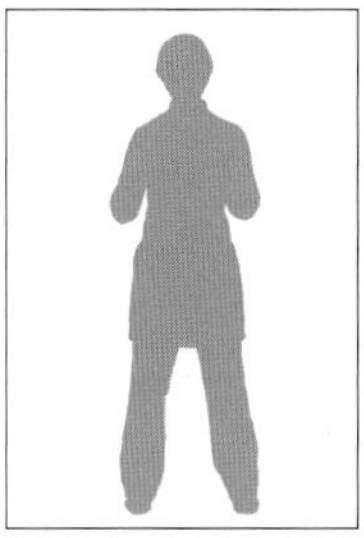
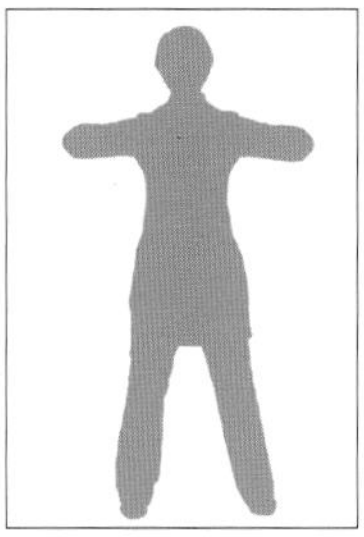

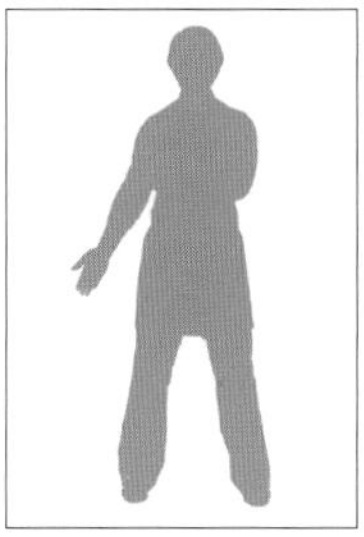

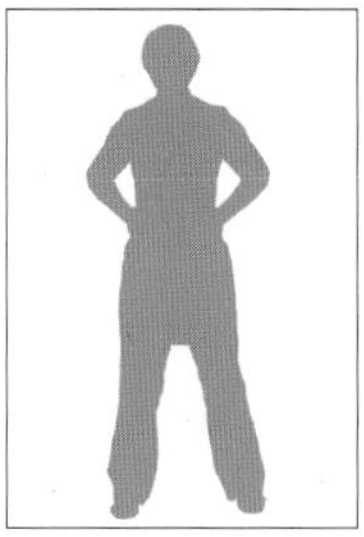
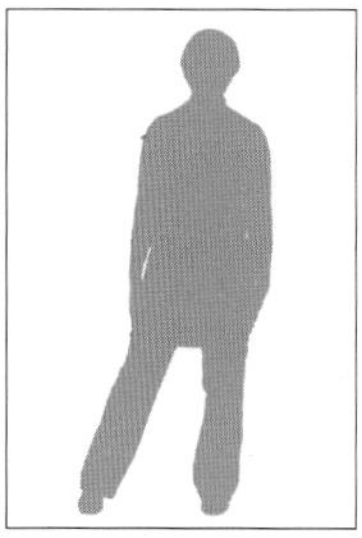

养生乐在太极	养心是为何	太极何以养心
故言太极而知养生 / 知养生而乐在太极	养生家当以养心为先 / 心不病则神不病 / 神不病则人自宁	太极之道在于一阴一阳 / 养心之道在于一动一静

知太极术、明太极理、悟太极道，是谓“养生之道”，“天人合一”方能“正气存内，邪不可干”。

第一章 太极与养心

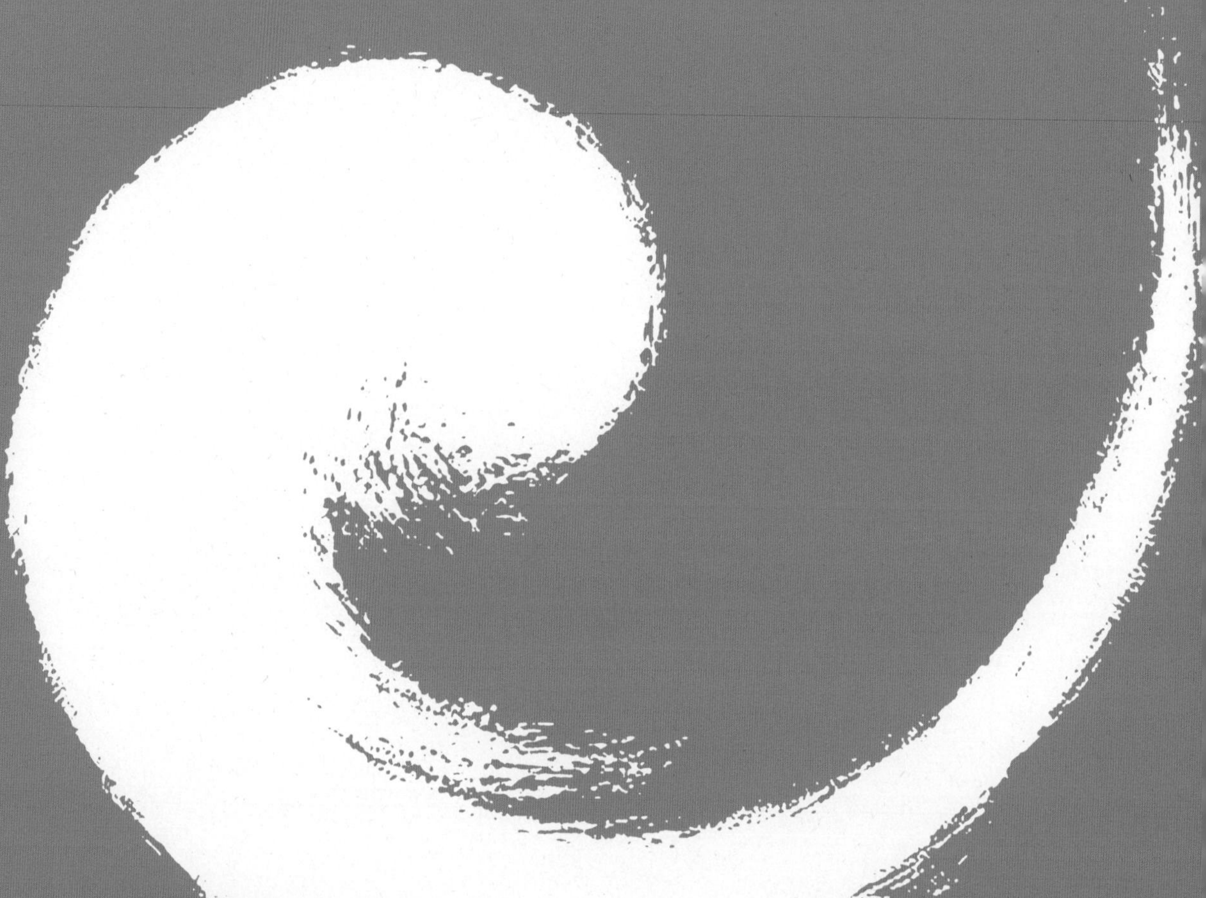

第一节 养生乐在太极

关于“太极养生”的文章已是数不胜数，特别是在电脑、手机、平板等互联网终端设备发达的今天，此类文章和视频更是随处可见，让人眼花缭乱。对于“太极养生”我们不但要知其然，还要知其所以然，以便树立正确的太极观和养生观，才能详辨诸作，并为己所用。“太极养生”是中国传统文化的积淀，是当今人类的需求，是健康的生活方式之一。如何发掘太极文化的深刻内涵，如何发挥出太极最大的养生价值，如何以太极来提升人们的生活品质，如何让太极成为引领健康生活的新标杆，应该是我们当代“太极人”需要思考和研究的重要课题。

那么，何谓“太极”？大多数朋友一听到太极就会联想到太极拳，甚至把太极作为太极拳的别名。其实不然，太极拳是富有中国阴阳哲理的一种拳术，而“太极”的概念更为广泛，它包罗万象，是涵盖了文化、科学、哲学、兵学、伦理学、力学、美学、生理学、医学及养生学等领域的一种指导思想。所以“太极养生”不等于“太极拳养生”，“太极拳”是“太极养生”中的一个范畴。

欲明太极之理，须知阴阳之性。中国人认为宇宙万物皆源于两种气化，即阳气化和阴气化，也称“两仪”。“阳气化”具有向上的、阳光的、挥发的、积极的特性，“阴气化”则具有向下的、阴暗的、收敛的、消极的特性。阴阳二气的交感，使气化演变为形化，由形化演变为质化，从而化生万物。在宇宙动态的平衡空间中，阴阳又孕育出新的阴阳，万物周而复始，生而不息，这就是“太极”之理。“阴阳”最朴素的理解就是太阳照射得到的地方为“阳”，太阳照射不到的地方为“阴”，而且有阳光能照射得到的地方，也一定会有阳光照射不到的地方，任何事物都具有两面性。由此可延伸到具有相对立特征的任何事物，从天与地、白昼与黑夜，到电源的正极和负极，乃至计算机所运用的二进制“0”和“1”，都离不开阴阳，且阴不离阳，阳不离阴。所谓“孤阴不长，独阳不生”“无阳则阴无以生，无阴则阳无以化”，没有“短”，何来“长”之说？没有“坏”，怎么能反映出“好”？“有上则有下，有前则有后，有左则有右。”所以阴阳二气既对立又统一。日升日落，日复一日，春夏秋冬，年复一年，阴阳既互为其根，又此消彼长，亘古不变，一切都是那么有规律。正如理学家朱熹所言：“总天地万物之理便是太极。”

地球上的任何生物在宇宙中都是非常渺小的，小环境会受到大环境的影响，新旧更替，优胜劣汰，适者生存，这是太极赋予大自然的天性。人类生存的基本法则就是饿了要吃饭，渴了要喝水，天黑了要睡觉休息，天亮了要起床劳作，天冷了要增衣，天热了要减衣，

曾乃梁辅导爱徒、中华武术大学堂名家讲堂助理教练杨翔玲演练“华武太极扇”

喜怒有常，顺应自然界的变化而有规律地生活着就是人的“太极”。“太极”就是这么简单，并不深奥和玄乎，它是一种健康自然的生活状态，“顺乎自然，合于自然”才是生命的真谛。曾经有人问：“人体阳多一点比较好，还是阴多一点比较好？”用《黄帝内经》中的话回答是：“阴盛则阳病，阳盛则阴病。”可见，人体的阳偏盛或阴偏盛是产生疾病的根本原因，所以，阴阳要平衡才好。太极孕育了万物，我们虽日处太极之中，但若未能平衡其阴阳，也难以尽终天年，所以我们需要在日常生活中学习如何平衡内外之阴阳，即学习如何养生。

道家学派创始人老子一语道出了养生的重要性：“故贵以身为天下者，若可寄天下；爱以身为天下者，若可托天下。”意思是说只有足够重视并爱惜自己身体的人，才有能力心系天下。现代也有一种普遍的说法，身心的健康是第一个数字“1”，名利、地位、权力、财富等都是排在“1”后面的“0”，如果没有前面的“1”，后面不论有多少个“0”，最终还是“0”。换言之，只有有了最前面的“1”，才有可能承载后面更多的“0”。所以“养生”对于每个人来说都是一件刻不容缓的事情。那么，何谓“养生”？《黄帝内经》中说：“圣人不治已病治未病。”用现代语言表述就是预防重于治疗，“预防”就是告诉我们要“养生”，“养生”就是要告别亚健康，往小了说是让自己健康地生活着，往大了说是为家庭和社会减少负担，进而多做贡献。

太极阴阳孕育出大自然之春生、夏长、秋收、冬藏，我们人体也要顺应自然界的四季而养。十二时辰中，每个时辰人体气血所流注的经络不同，如：子时，气血流注足少阳胆经；丑时，气血流注足厥阴肝经；等等。每个时辰取个别重要穴位以揉、按、拍、打等手法使人体气血充足。除了四时之外，阳光、空气、水等外在变化也会影响人体的阴阳平衡。这些外在的环境，我们可以叫作“天”，而情志之喜、怒、悲、思、惊、恐、忧则主宰人体内在脏气阴阳的协调，我们可以叫作“人”。人体阴阳的平衡状态会受到“天”的外在环境的影响，也会受到“人”的内在因素的影响，所以我们需要在动态的空间中寻求平衡，使人体的内环境与自然界的外环境形成一个有机的整体，取得阴阳的协调统一，无疾而长寿，加之家庭和谐、邻里和睦并居安稳之处，即达“天人合一”之境界。正如《黄帝内经》中所述：“智者之养生也，必顺四时而适寒暑，和喜怒而安居处，节阴阳而调刚柔。如是，则僻邪不至，长生久视。”

然而，在快节奏的现代化都市生活中，大部分人会觉得没有时间或没有合适的场地打太极拳或练太极养生功，尤其是大多数的年轻朋友会认为养生是老年人和少数“有钱有闲”人的专利。所以要谈“太极养生”就得先谈“心”。扪心自问，我们前半生拼命赚钱，后半生花钱买命，这笔账划算吗？金钱的价值在哪里？牺牲健康换来的一切都是为了什么？要知道，健康的身心是幸福的基础，只有从心底改变观念，才有可能改善健康的状态。其实，我们应该要使太极的原理贯彻到生活的方方面面，使太极生活化、生活太极化，让行、走、坐、卧皆能养生，活在当下，养在当下，勿待生命尽矣。故言太极而知养生，知养生而乐在太极，太极养生，众人皆可，唯有“知与不知，做与不做”之别。知太极术、明太极理、悟太极道，是谓“养生之道”，“天人合一”方能“正气存内，邪不可干”。

第二节 养心是为何

翻开词典或上网搜索，将会看到关于“心”的成语不胜枚举，如心满意足、万众一心、赤胆忠心、回心转意、刻骨铭心、归心似箭、尽心竭力、痛彻心扉、良苦用心、心驰神往、一心一意、三心二意、心猿意马、明心见性、触目惊心、贼心不死、做贼心虚、勾心斗角等，还有粗心、细心、耐心、恒心、爱心、孝心等词语。这些词语有褒义也有贬义，“褒义”为阳，“贬义”为阴，即有阴有阳。俗话说：“兄弟同心，其利断金。”不论是在战场上还是在商场中，伙伴们都要同心协力、上下一心才能百战百胜。国学实践应用专家翟鸿燊老师说：“人与人之间的沟通需要喜悦心、包容心、同理心。”的确如此，不论是做销售，还是夫妻之道、邻里相处等，都需要由“心”开始。

人体的阴阳失调最终伤及的是五脏，“五脏”并非单纯地指人体的五个内脏器官，也指五脏之气，如“心气系统”“肝气系统”“脾气系统”“肺气系统”“肾气系统”。五脏之气有其方位之所属、五行之所归、生克之道理、四季之所应、五味之调和、五色之胜观、情志之变动、六腑之表里等，其中又以“心气系统”为首。“病入膏肓”最终是心气系统受损而至脉断气绝，中毒最深者也莫过于毒气攻心而无可救药。

曾乃梁爱徒、书法家蒋继林为本书奉献墨宝

《道家养生学概要》中说：“心为人之主宰，亦为精神之主宰，炼精炼气炼神，均需先从炼心开始。”《中外卫生要旨》有云：“养生家当以养心为先，心不病则神不病，神不病则人自宁。”这些都说明了众养生家均以“养心”为养生之首要。医学家也说：“治病先治人，治人先治心。”所谓“相由心生”有两方面意思：一方面是说呈现在面前的客观事物会受心理主观感觉所影响，如“情人眼里出西施”；另一方面是说，改善心气系统才能改变相貌。所谓“眼为心之苗”，意思是“眼睛是心灵的窗户”，人心之喜怒、善恶等，都能通过眼睛“说”出来。所谓“口乃心之门户”，意思是嘴里说出的话，代表的是心里所想的事，否则就成了“口是心非”了。所以，要改善一个人的形象气质、言谈举止等都要从“心”开始。《黄帝内经·素问·灵兰秘典论》中云：“心者，君主之官也，神明出焉。”《黄帝内经·素问·八正神明论》云“目明心开而志先”，即“心藏神，心窦开则志慧出而神明见”。若心不藏神，则形如走尸。如“范进中举”虽说只是小说中的一个故事，但现实生活中也不断上演着因欢喜过度或悲伤过度而伤心气，导致心不藏神，神外散而致精神异常的例子，这不得不引起我们深思。《黄帝内经·素问·移精变气论》曰：“得神者昌，失神者亡。”这些都说明了为何要养心气系统。我国的中医藏象学说认为“心者，其华在面，其充在血脉”，以及“诸血者，皆属于心”，说明心气系统与血脉的运行状态可以通过面部的色泽变化看出来。若心气系统功能健全、血脉旺盛，则人的面色红润而有光泽；若心气不足、血脉虚弱，脉道不通导致血行阻滞，则人面生皱纹无血色而不靓丽。可见，保护心气系统，也是青春常驻的一个重要方面。

曾乃梁爱徒、中国武术七段朱景华演练太极拳

参加中华武术大讲堂名家讲堂的部分学员在练习太极养心功

“爱美之心人皆有之”，要想相随心改，就要从年轻时注重养心，且应乐而养之。

胸中有个大桃子，拳头大小差不离；劳逸结合巧安排，任劳任怨干到底——这就是心脏。心脏是心气系统中最重要的一部分，也是人体中最重要的一个内脏器官，所以保护心气系统首先要保护心脏。心脏位于横膈之上，纵膈之间，胸腔中部偏左下方，两肺间而偏左，大小相当于本人的拳头。心脏的主要功能是为各组织器官提供充足的血流量、氧和各种营养物质，为循环系统提供动力，即推动血液流动。心脏的重要性是众所周知的，在生命过程中，心脏是最辛苦、最无私的一个器官，它如同不知疲倦的动力泵，只要生命不息，它就跳动不止。

身体是会跟自己“说话”的，当身体不舒服的时候，说明身体正在向自己“告状”。心脏作为心气系统中最重要的一个内脏器官，是重点保护对象，我们应该每天都跟心脏说说话，问问：“您还好吗？”心脏病的主要症状是心慌、心悸，有时胳膊麻木，再进一步就是心前区的疼痛和心绞痛，甚至影响到胃和其他的器官，更严重的会发生猝死和心肌梗塞等情况。那么，为什么有人会得这种病呢？其主要原因是缺少运动、不良的生活方式（吸烟、酗酒、喝浓茶、熬夜等）、心理不健康等。

随着居民生活水平的提高，人们的饮食结构和生活方式也发生了变化，导致以冠心病为首的心脑血管疾病接踵而至，严重影响人们的身心健康。《中国心血管健康与疾病报告 2021》指出，中国心血管疾病患者已达 3.3 亿人，且呈快速增长趋势，平均每 10 秒就有一人被夺去生命。据世界卫生组织的报告，全球死于心肌梗塞和脑卒中为主的心脑血管疾病的人，每 3 例就有 1 例是冠心病患者，冠心病已成为世界上最常见的死亡原因。

曾卫红老师辅导张美瑛演练“华武太极扇”

那么，什么是冠心病呢？冠心病即冠状动脉粥样硬化性心脏病，因为冠状动脉狭窄，供血不足而引起心肌功能障碍或器质性病变，所以又称缺血性心脏病。冠心病是发病率最高的心脏病，其症状表现为胸闷、心绞痛，还可能伴随有眩晕、气促、出汗、寒颤、恶心及昏厥，严重者甚至可能因心力衰竭而死亡。

当前冠心病发病年龄日趋年轻化，出现低龄化的趋势，这与现代社会竞争激烈引起心理压力过大、饮食结构改变、运动过少等因素有关，也与长期血脂高、血压高、血糖高这“三高”有关，还与不良的生活方式密切相关，如吸烟、酗酒、熬夜、过度劳累或过度安逸以及当下的手机依赖症等。不过，大部分的疾病，包括心脏疾病等都是可以通过健康的养生观念和良好的生活习惯来加以避免的。譬如，挖掘太极运动的内在潜能，运用太极原理来进行养心就是极好的选择。

第三节　太极何以养心

从四肢爬行的人猿进化成直立行走的人的过程中，我们的祖先为适应大自然的变化，创造和使用工具，并不断创新和探索未知。人类的所有求知欲望都缘于“心动”，心动才有可能行动，要用心看事物，用心做事情，才能“心想事成”。人体在大自然中是具有自我适应和自我调整能力的有机整体，而大自然是太极阴阳所化生之物，人体必须顺应自然界阴阳消长的规律，才会健康无病。因此，正确地运用太极的哲学思想来指导我们做出一些增强心气系统功能的动作，就能达到保养心气系统的目的。太极之道在于一阴一阳，养心之道在于一动一静，动而生阳，动中求静，动极生静，静而生阴，静中寓动，静极复动，动静之间，心自养之。

动以养身，人不可活而不动。“动”有内外之别。内在的“动”表现为情绪的波动，情绪波动会伤及五脏之气，如过喜伤心气、过怒伤肝气、过思伤脾气、过忧伤肺气、过恐伤肾气。心气属火，肝气属木，脾气属土，肺气属金，肾气属水，用太极五行生克的道理调整好内在的“动”，不要使五脏之气大动干戈，应喜怒有常，时刻保持一颗平常心，事缓则圆，心平则气和，气和则有利于阴阳调节。外在的“动”是指肢体活动，如游泳，跑步，练内家拳、太极养生功和健身气功等。有氧运动中，太极拳是一个不错的选择，外练筋骨皮，内练精气神。“精”就是精微物质，“气”就是精微物质产生的一种能量，是人体活动的动力，“神”是内气的外在表现。太极拳拳随心境，容万物于心，对于保养心气系统也是非常有效的。血管堵塞是造成心脏疾病的主要原因，而太极拳恰恰是改善血液循环的良好运动之一，现代医学也证明了太极拳对慢性疾病具有辅助的治疗作用。太极拳的呼吸、开合、含展、虚实等皆源于太极阴阳的思想，练习者要做到内走螺旋，外走圆弧，运柔落刚，处处皆有阴阳。太极拳的“动”是动中寓静、动中求静的“动”，是阴阳并济、阴阳平衡的“动”。

静坐、站桩还有睡觉等，都能很好地调心、调息、调身，特别是子时（23:00—凌晨1:00）与午时（11:00—13:00）是天地阴阳二气转变的契机，此时应该入静。若要“天人合一”，更要睡“子午觉”，因为人在睡眠状态中是最安静的，在深度睡眠中，人体的小太极会更好地顺应着宇宙大太极的变化而变化。尤其午时是手少阴心经当令，身体和情志都宜静不宜大动，应进行午休，哪怕是闭目养神片刻，也可以按摩手少阴心经的神门、极泉等护心养心的相关穴位。《黄帝内经》说：“静则神藏，躁则消亡。”由于“心藏神”，所以养心更要求静，静才能藏得住“神”，急躁、烦躁的话是藏不住“神”的。《庄子·杂篇·让王》中说道：“故养志者忘形，养形者忘利，致道者忘心矣。”再如《云笈七签·七部语要部·卷一》中所说：“神静而心和，心和而形全。神躁则心荡，心荡则形伤。将全其形，先在理神。故恬和养神，则自安于内，清虚栖心，则不诱于外也。”故神静而心自养。在喧嚣的大街小巷中

曾乃梁爱徒、中俄武术传播大使马俊恩指导国外拳友

中国武术和健身气功双七段曾卫红老师在演练“斜飞式”

穿梭、在色彩斑斓的霓虹灯下赶路、在灯红酒绿的不夜城中生活，我们需要学会闹中取静。但人心好静而欲牵之，面对金钱和权力的蛊惑，面对名利和欲望的诱惑，静何能为？人的各种欲望，会扰乱平静的心，我们若能遣其欲而心自静，所以我们需要学会把心真正地“放下”，放心而安心，安心而安静，安静而入静，入静而心静，心静而心宽，心宽而寿长。所以一切都不要太斤斤计较，“斤斤”不过才两斤而已，心宽一寸，病退一丈，人生苦短，何事需要执着？有句话叫“理解万岁”，但万一不被理解的话，气就难以顺畅了，会因内心难静而伤了心气的。其实，我们要换一种心境善待自己，问自己一句：“不理解又何妨？”能时刻保持平心静气的养生态度是“太极养心”的关键之一。太极运动，特别是太极养心功倡导淡定宁静、从容包容的精神，培育善良的心性、豁达的心态、脱俗的心境，起到以静制动、知足而无争、寡欲以清心的作用，对养心是非常有益的。

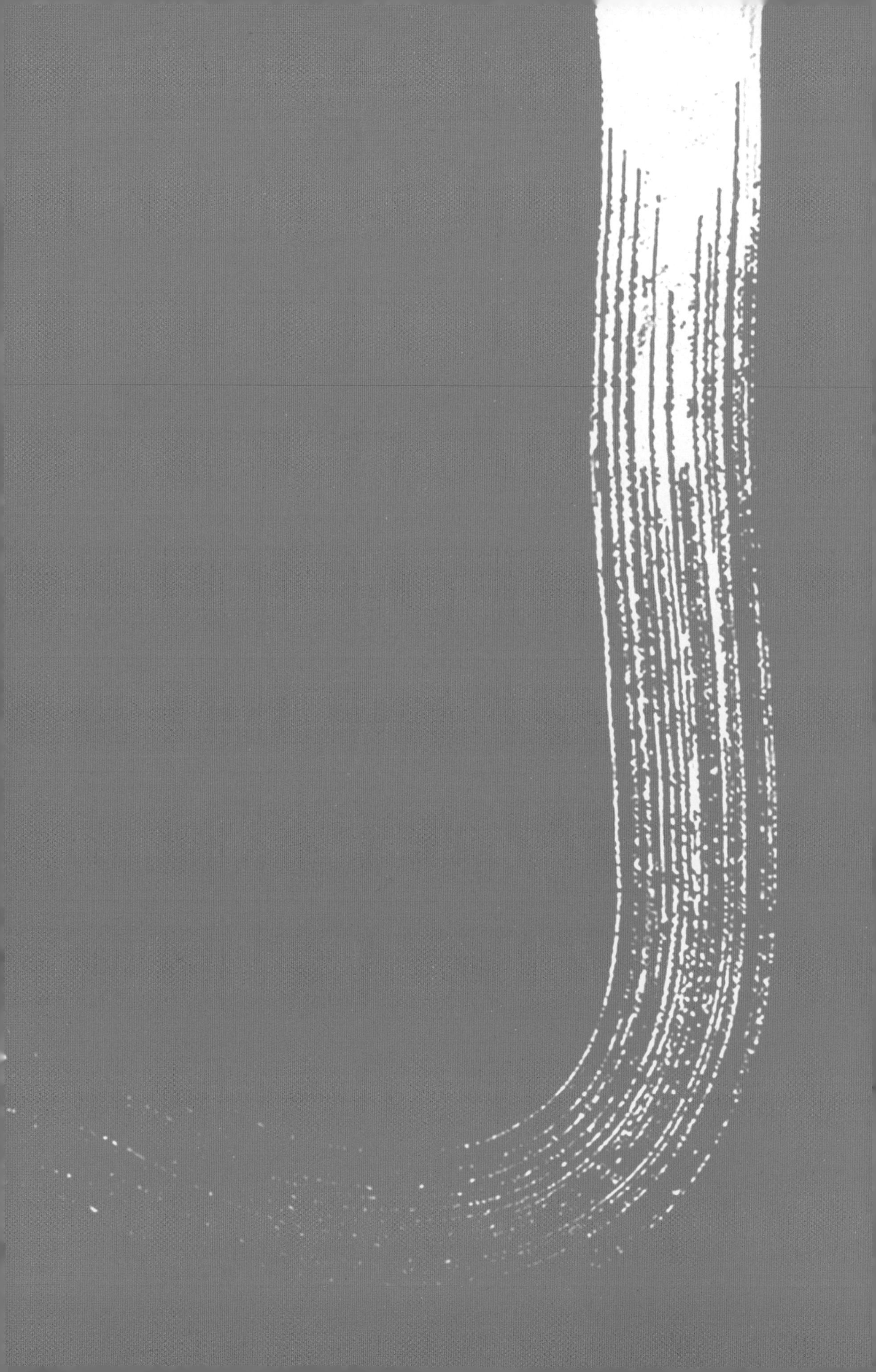

太极养心功简介及动作名称	练习太极养心功注意事项
升降揉推手 / 开合浑元桩 / 左右穿滚掌 / 揉叩拍心区 / 点按三穴位 / 拍打三穴位 / 收功	心静体松，柔和缓慢 / 放慢呼吸，深长匀细 / 凝神调息，意贯经络 / 时段合理，持之以恒 / 可分可合，灵活养心

“清其心”，排除一切杂念，心神内敛。而要做到心神内敛，又需将紊乱的呼吸平静下来，缓慢地、平稳地吐纳，方能凝神于心。

第二章
太极养心功

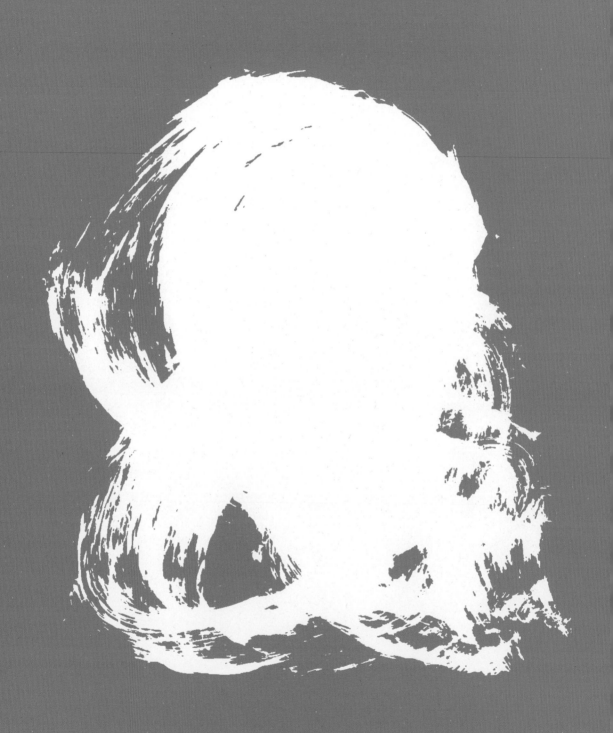

第一节 太极养心功简介及动作名称

一、简介

太极拳是富有中国阴阳哲理的拳术，同时也具有很好的养生功效。本册《太极养心功》按照太极拳动以养身、静以养心的原理，精选太极拳中的个别动作，加以提炼和改造，编排了六组动作。这六组动作简单易学，在保护心气系统方面的针对性更强，且不受年龄、时间、场地等限制，对于没有太极拳基础的人群同样适用。本套功法在柔和、缓慢的运行中，以身心的“松”和“静”为原则，并对相关重要经络穴位进行揉、按、拍，达到经络“通”的目的，对心气系统能起到保护、预防和辅助治疗的作用。

【图解说明】

插图上的线条是表明从这一动作到下一动作经过的路线。其中，右手、右脚的路线均以实线（——）来标明，左手、左脚的路线均以虚线（----）来标明。

二、动作名称

升降搂推手	升降 ×3 组 + 搂推 ×3 组
开合浑元桩	大开合 ×3 次 + 浑元桩约 10 秒
左右穿滚掌	前后 ×3 组 + 横向 ×3 组 + 滚掌 ×3 组
揉叩拍心区	左右各揉、叩、拍 30 次
点按三穴位	左右各点按 30 次
拍打三穴位	左右各拍打 30 次
收功	拍打（左右手各 6 经→左右腿各 6 经）×3 组

中国武术和健身气功双七段、本书动作示范者曾卫红老师在瀑布前练功

第二节　太极养心功图解与要点提示

一、升降搂推手

图1

自然直立，双脚并立，微收下颌，舌抵上腭，排除杂念，目视前方。

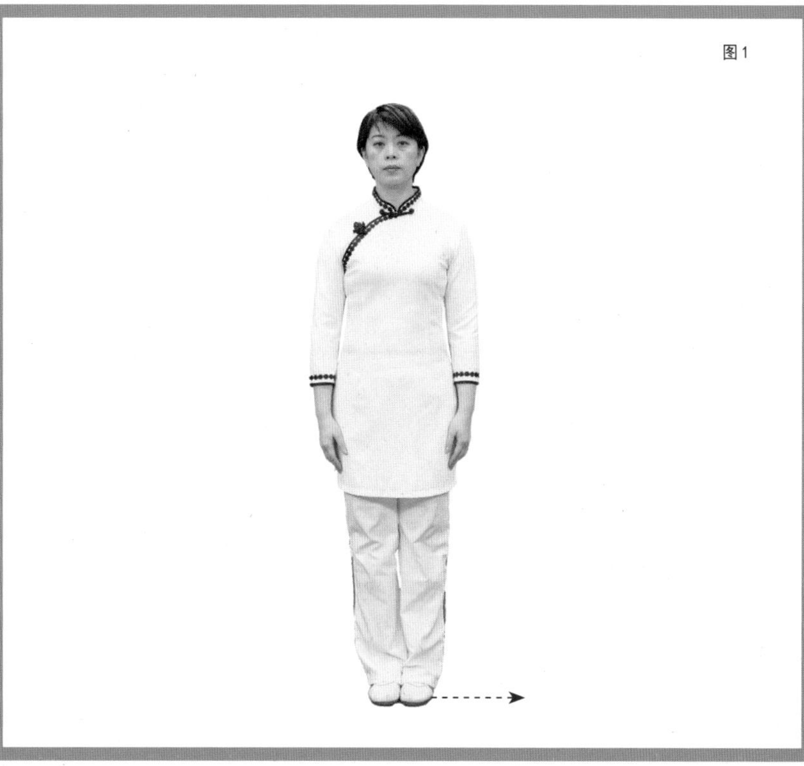

图 2

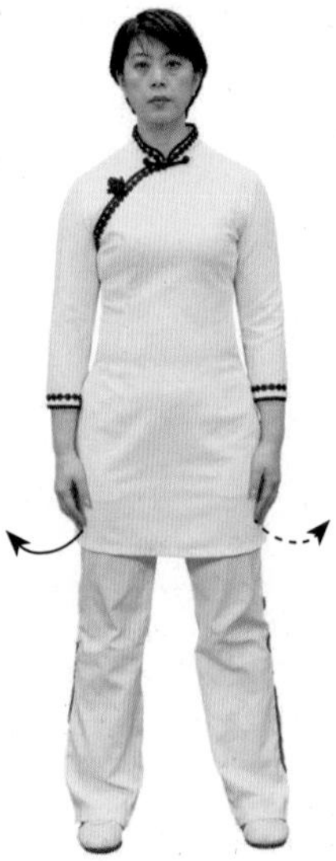

图 3

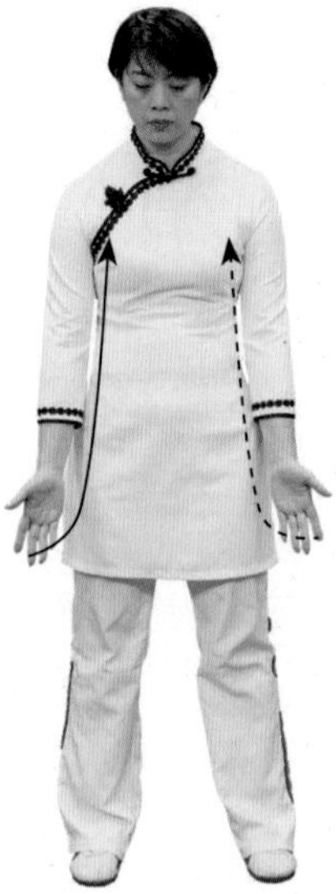

图 4

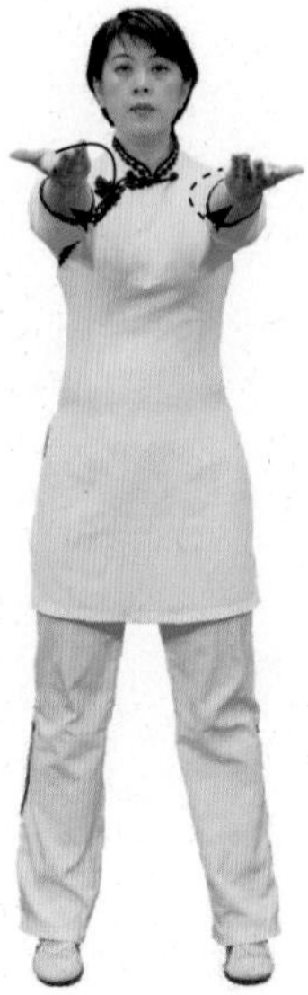

图 5

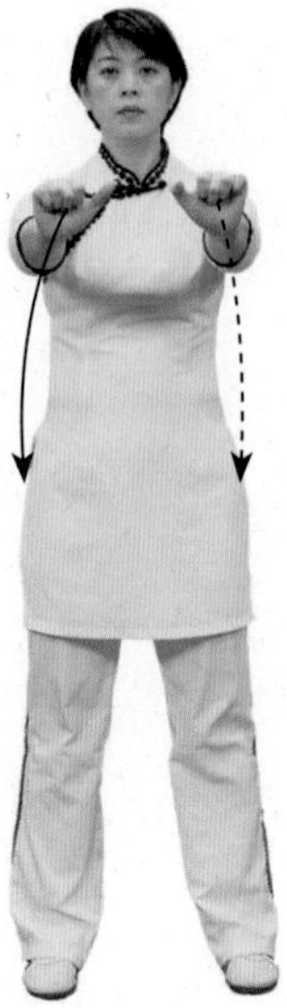

图 2

左脚开立，与肩同宽，凝神静气，目视前方。

图 3

两臂外旋，掌心朝前，凝神静气，目视前下。

图 4

两臂上举，与肩同高，尺侧朝上，双足提踵，目视前方。

图 5

两臂内旋，指掐劳宫，掌心朝下，目视前方。

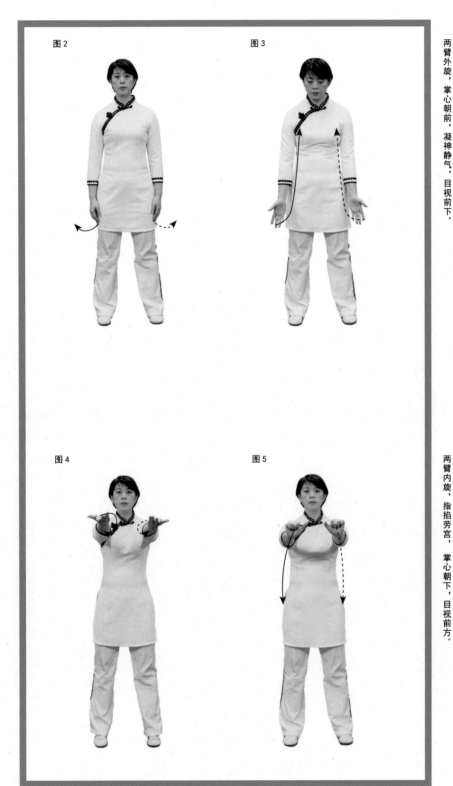

图6

手落胯旁，掌心向下，两膝微屈，足跟落地，目视前方。

（升降动作：图3—图6，重复2遍，共做3组。）

图7

右手外旋，左手前举，略成俯掌，两膝微屈，腰微右转。

图8

左上右下，劳宫相错，两臂微屈，目随手动。

图6

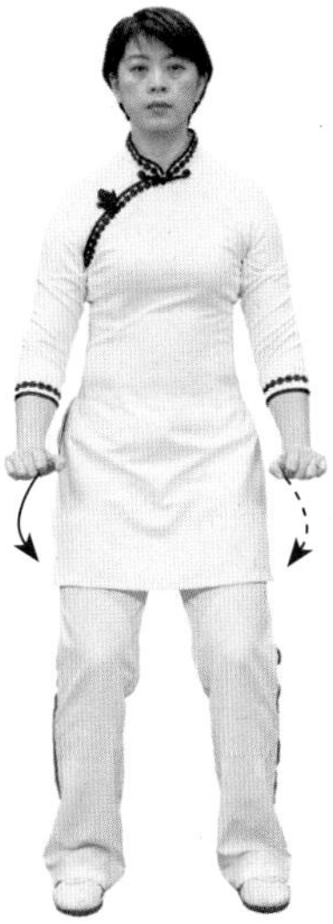

图7

图8

图 9

右转带臂，右后侧举，右手仰掌，左手俯掌，目随手动。

图 10

右掌斜举至右后 30°，左掌附于右肘旁，左掌心朝后，腰转带臂，两腿伸直，目视右后。

图 9

图 10

图 11

右臂屈收，与耳同高，左臂内旋，两膝微屈，身微左转，目随右手。

图 12

左搂右推，左手按至左胯旁，右手推至体前，两臂微屈，坐腕舒指，两膝微屈，目视前方。

图 11

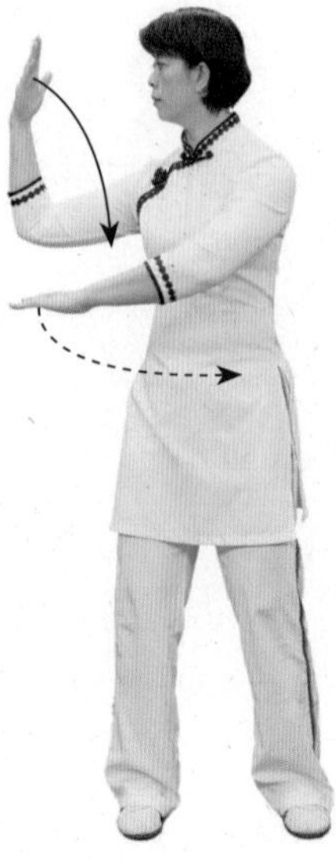

图 12

图13—图17的动作与图8—图12动作相同，左右方向相反。

图13

图14

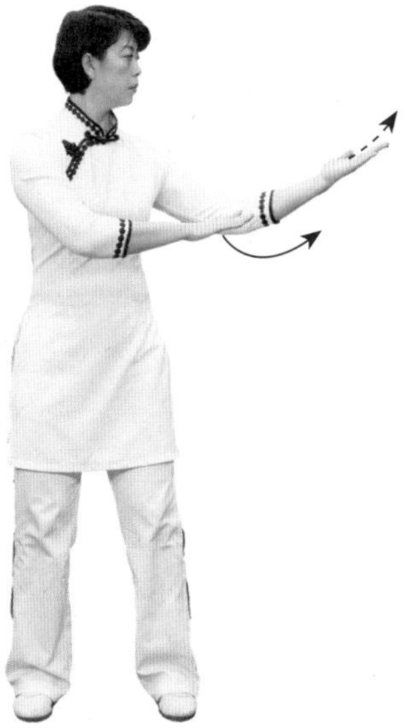

图15

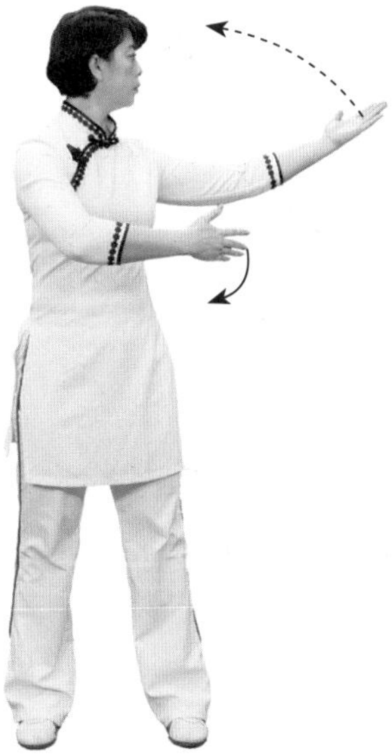

图16

图 17

搂推动作：图7—图17动作，重复2遍，共做3组。

图 18

图 19

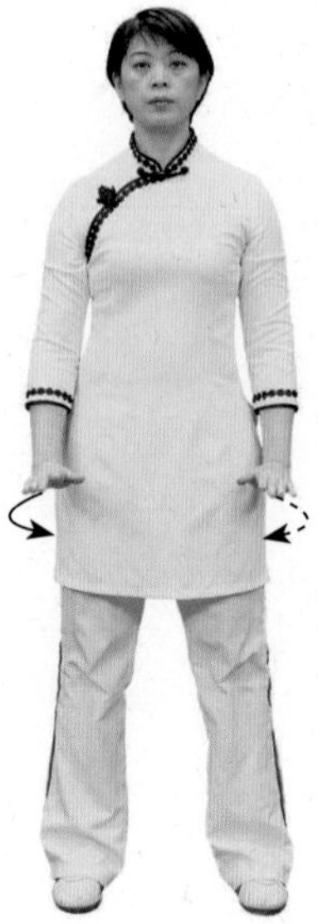

图 18

右掌朝下，上迎左手，腰转带臂，目随手动。

图 19

手按胯前，掌心向下，指尖朝前，两臂微屈，两腿伸直，目视前方。

图20

手落腿侧，掌心向里，指尖向下，重心右移，目视前方。

图21

左脚收回，并步还原，目视前方。

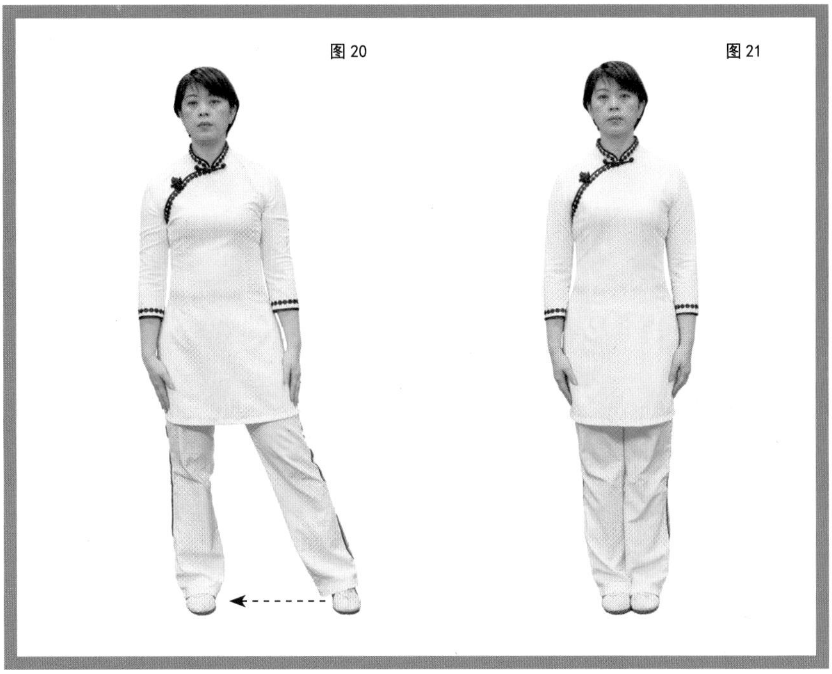

要点提示

（1）做图1动作时，注意舌尖抵上腭，使任脉和督脉“搭雀桥”，能更好地沟通任督二脉气血的运行。整套练习中都要求自始至终舌抵上腭。中医讲：“任督通，百脉通；百脉通，病不生。”

（2）做上举或起身动作时配合吸气，阳气（清气）上升；做下落或屈膝动作时配合呼气，阴气（浊气）下降。

（3）做图4动作时，尺侧尽量朝上，这样能有效地刺激并拉伸手少阴心经。

（4）图8和图13的“劳宫相错”动作即“错掌”，不同于24式太极拳的“搂膝拗步”，搂推前要掌心相对运行侧举，再做一搂一推动作。

（5）两腿一伸一屈，像打气筒一样，可加强静脉血回心功能，起到保护心气系统的作用。

二、开合浑元桩

图 22

图 23

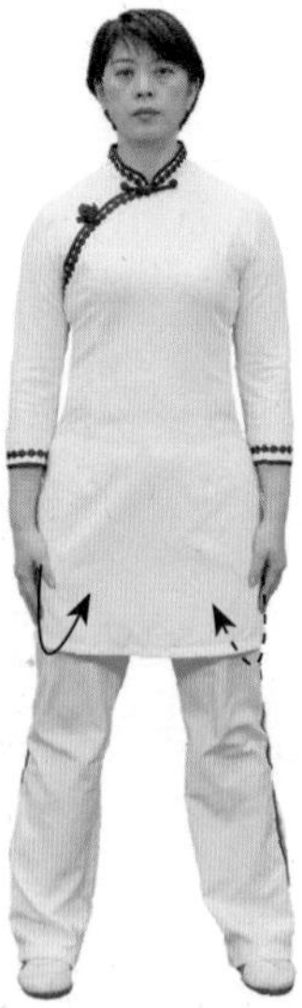

图 24

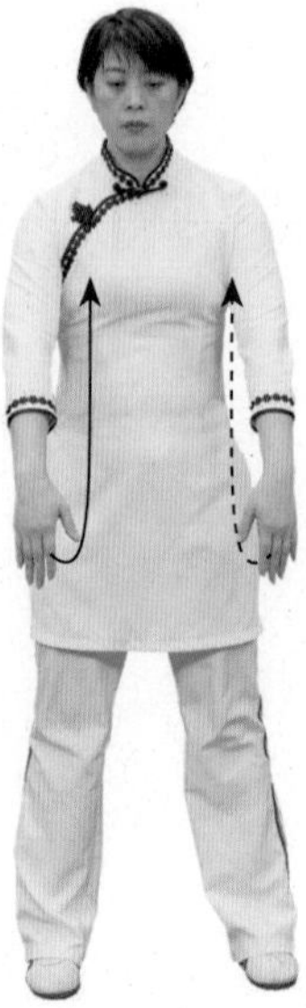

图 25

图 22

自然直立，双脚并立，微收下颌，舌抵上腭，排除杂念，目视前方。

图 23

左脚开立，与肩同宽，凝神静气，目视前方。

图 24

两臂内旋，同时前举，目随手动。

图 25

两臂上举，臂与肩同高，与肩同宽，掌心朝下，两臂微屈，目视前方。

图 26

两臂掤圆，指尖相对，与胸同高，掌心向里，含胸拔背，收腹敛臀，命门后撑，两膝微屈，目视前方。

图 27

展肩扩胸，两臂侧拉，掌心相对，胸略内含，两腿伸直，目视前方。

图 26

图 27

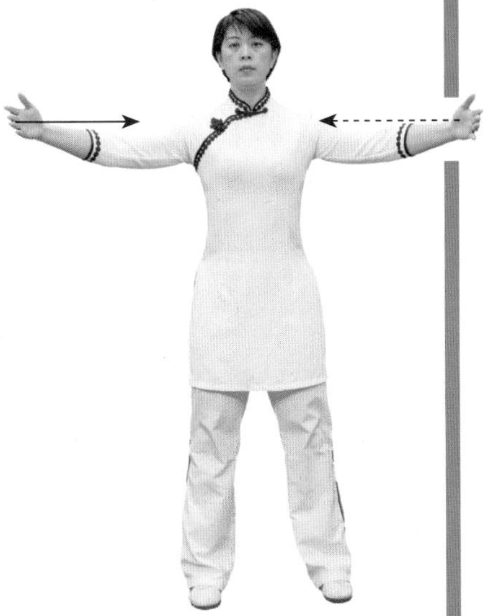

图 28

两掌塌腕，两臂微屈，两膝微屈，目视前方。

图 29

两掌相合，两臂微屈，两膝微屈，目视前方。

图 28

图 29

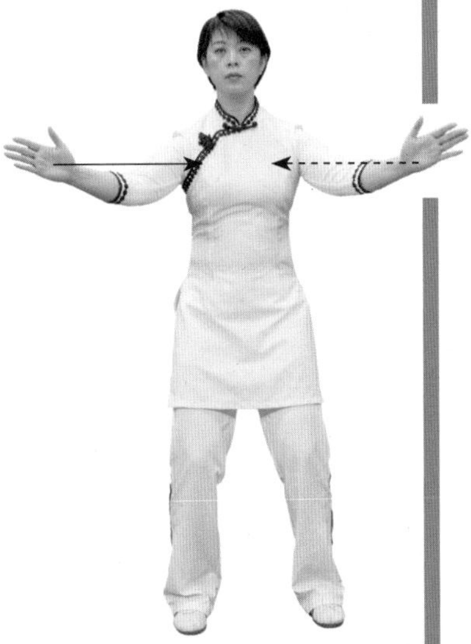

图 30

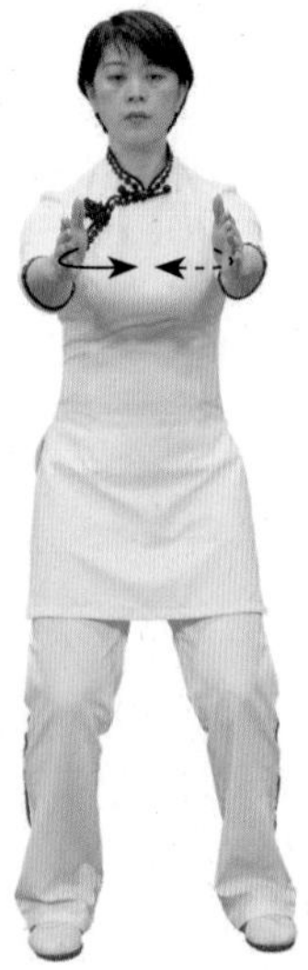

图 31

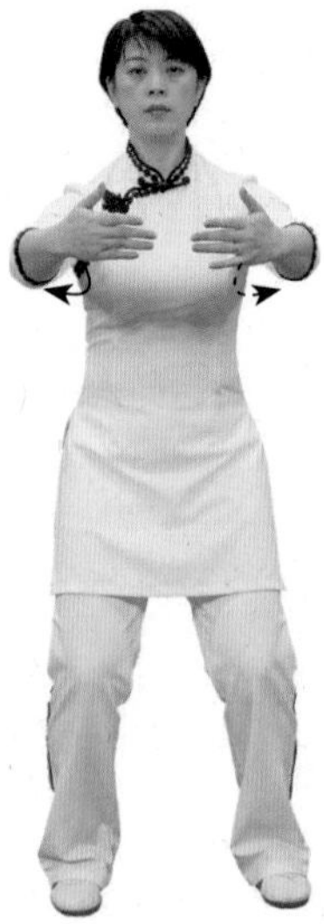

图 32

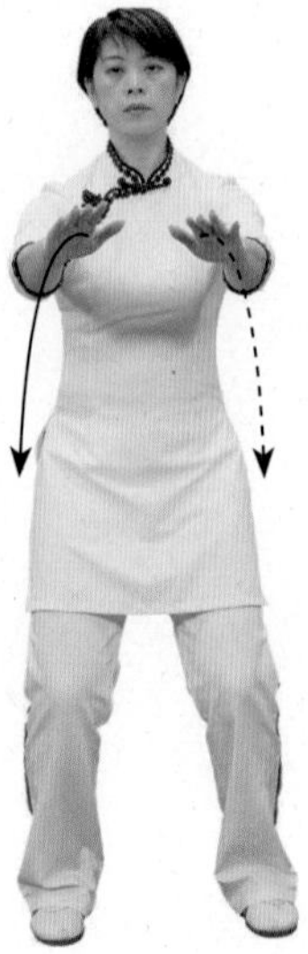

图 33

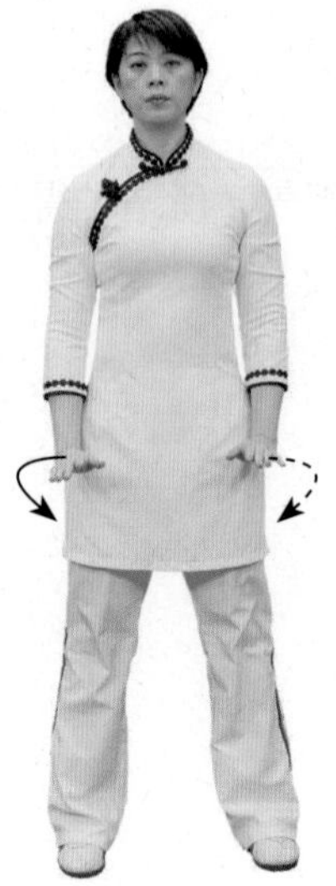

图 30

劳宫相对，与头同宽，指尖朝前，两臂微屈，两膝微屈，目随两手。

（开合动作：图 23—图 30 动作重复 2 遍，共做 3 组。）

图 31

两臂掤圆，指尖相对，两臂微屈，与胸同高，掌心向里，含胸拔背，收腹敛臀，命门后撑，两膝微屈，目视前方，松静十秒。

图 32

两臂内旋，掌心向下，指尖朝前，两臂微屈，两膝微屈，目视前方。

图 33

手按胯前，掌心向下，指尖朝前，两臂微屈，目视前方。

图 34

手落腿侧，掌心向里，指尖向下，重心右移。

图 35

左脚收回，并步还原，两腿自然直立，目视前方。

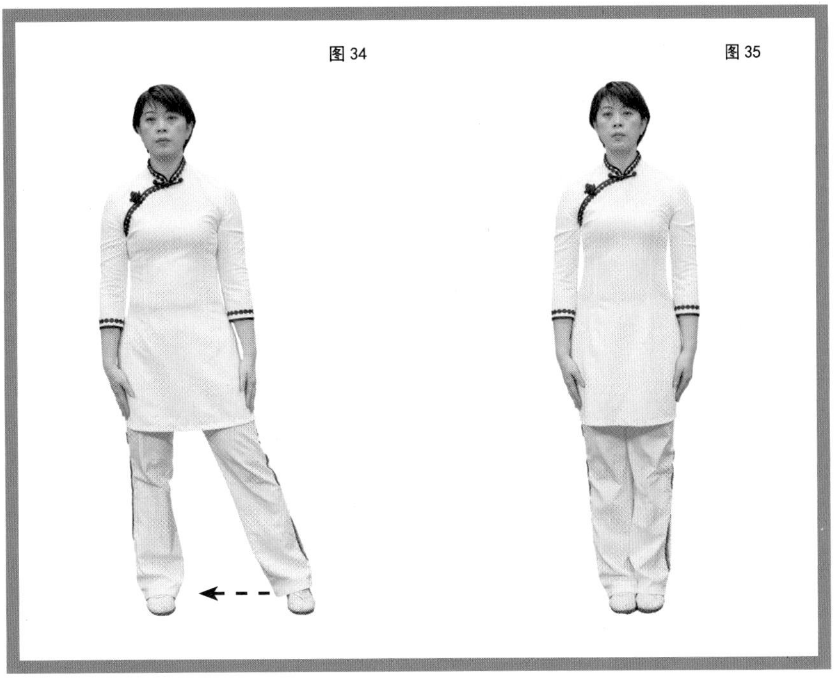

要点提示

（1）图 26 与图 31 中“指尖相对”，两手指尖的间距不大于头。

（2）两手打开时仍保持大圆弧，配合吸气，两腿自然直立；两手相合时劳宫穴相对，稍微塌腕，意在劳宫，配合呼气，两腿半蹲。即起吸落呼和开吸合呼，一吸一呼要尽量做到深、长、匀、细。劳宫穴相对容易得气，所谓“得气”，即有热、胀、麻或蚁走感。

（3）两腿屈膝半蹲，收腹敛臀，命门后撑，并静止 10 秒钟，作用有三个：第一个作用是能刺激腿部的三条阳经（足太阳膀胱经、足少阳胆经、足阳明胃经）和三条阴经（足太阴脾经、足厥阴肝经、足少阴肾经），同时增粗大腿的肌纤维，增强大腿股四头肌的力量，提高平衡能力，防止摔跤；第二个作用是使气往下沉入丹田（脐下四横指处），刺激腹腔的神经丛，增加腹脑的内在调节能力；第三个作用是入静，站浑元桩时要求心静体松、从容淡定，故护心养心功效良好。

三、左右穿滚掌

图 36

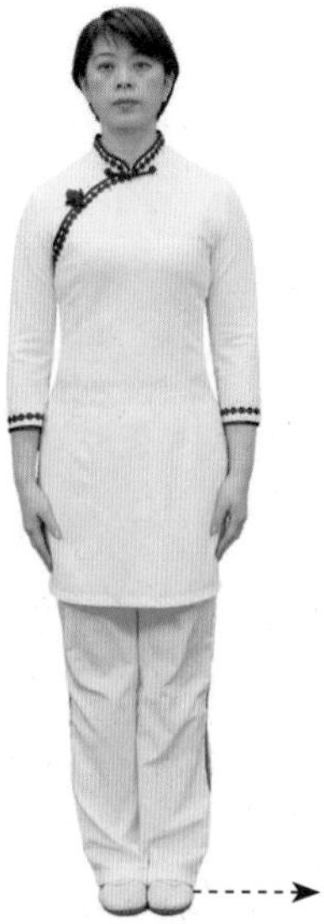

图 36

自然直立，双脚并立，微收下颌，舌抵上腭，排除杂念，目视前方。

图 37

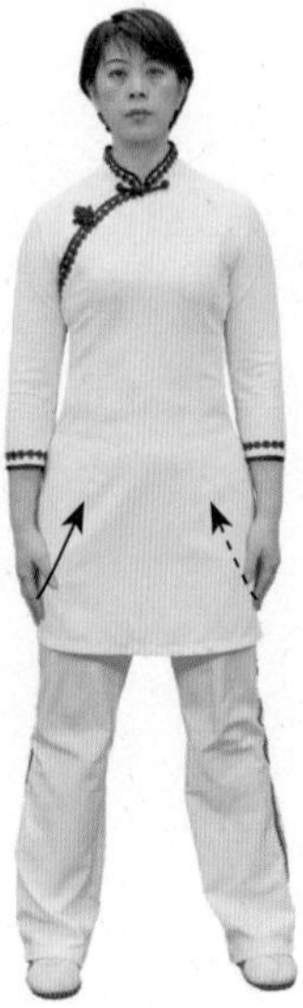

图 38

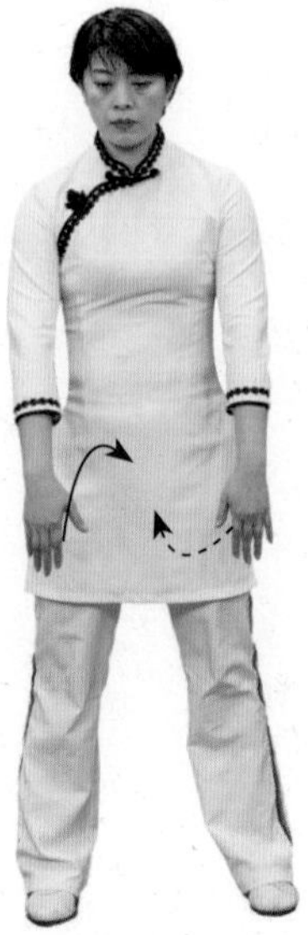

图 37

左脚开立，与肩同宽，两腿伸直，目视前方。

图 38

两臂内旋，同时前举，两腿伸直，目随手动。

1. 前后穿掌

图 39

右臂屈肘，与胸同高，掌心朝下，左臂屈肘，与腹同高，掌心朝上。左下右上，劳宫相对。

图 40

左掌前穿，虎口朝前，右掌回拉，两掌对错，劳宫相对，目随手动。

图 39

图 40

图 41

两手翻掌，目随手动。

图 42

左上右下，右掌前穿，虎口朝前，左掌回拉，两掌对错，劳宫相对，两膝微屈，目随手动。

（图 39—图 42 动作重复 2 遍，共做 3 组。）

图 41

图 42

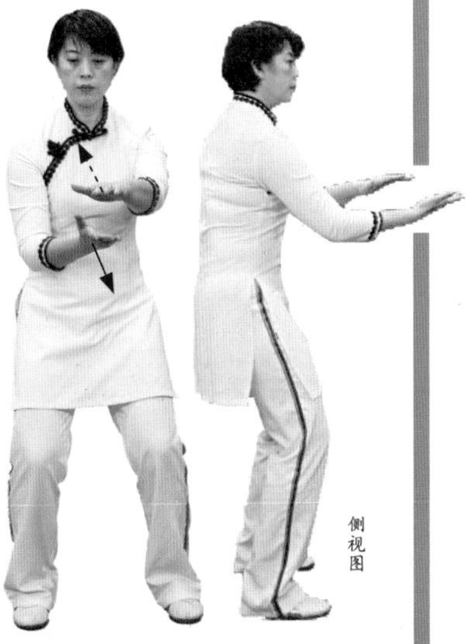

2. 前后滚掌

图 43

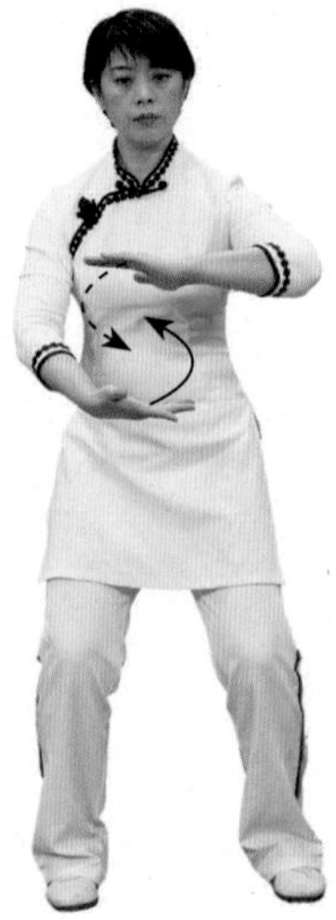

图 44

图 43

两手变为横掌，左臂屈肘，与胸同高，掌心朝下，右臂屈肘，与腹同高，掌心朝上，两掌相对，两膝微屈，目随上手。

图 44

左臂外旋，左手向前，右臂内旋，右手向后，翻掌滚动，目随上手。

图 45

图 46

图 45

横掌滚动，右臂屈肘，与胸同高，掌心朝下，左臂屈肘，与腹同高，掌心朝上，两掌相对，两膝微屈，目随上手。

图 46

右臂外旋，右手向前，左臂内旋，左手向后，翻掌滚动，目随上手。

图 47

图 47

两手变为横掌，左臂屈肘，与胸同高，掌心朝下，右臂屈肘，与腹同高，掌心朝上，两掌相对，两膝微屈，目随上手。

（图 43—图 47 动作重复 2 遍，共做 3 组。）

3. 左右滚掌

图 48　图 49

图 48

腰胯左转，两手抱球，左上右下，目随左手。

图 49

两手滚掌，左下右上，两膝微屈，目随左手。

图 50

图 51

图 52

图 50

腰向右转，左手侧推，边推边旋，右手架起，边架边旋，目视右前。

图 51

腰胯右转，左掌斜托，右掌外旋，目随手转。

图 52

右后转腰，两手侧抱，右上左下，目随手转。

图 53

腰微左转，左架右推，两膝微屈，目随手转。

图 54

腰随手动，右掌斜托，左掌内旋，目随手转。

图 53

图 54

图 55

腰微左转，左架右推，两膝微屈，目视左前。

图 56

腰再左转，右掌斜托，左掌外旋，目随手转。

（图 48—图 56 动作重复 2 遍，共做 3 组。）

图 55

图 56

图 57

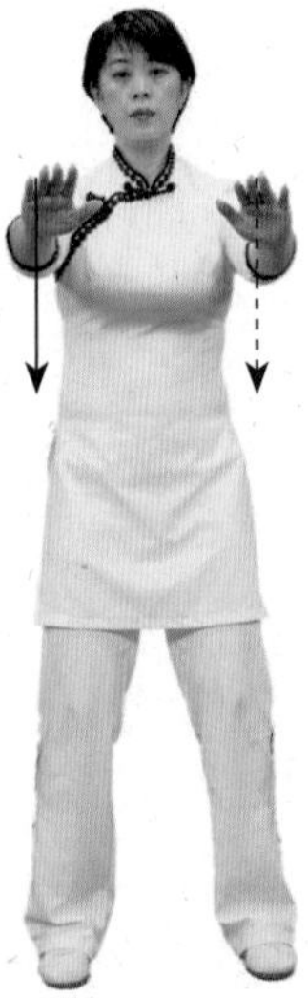

图 58

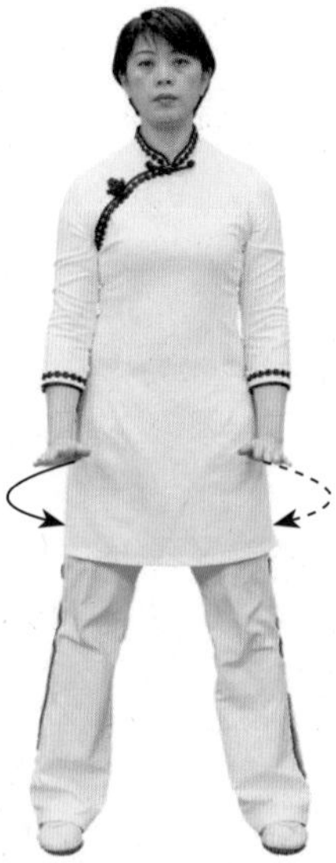

图 59

图 60

图 57

两臂前伸，高与肩平，两臂微屈，掌心向下，两腿微屈，目视前方。

图 58

手按胯前，掌心向下，指尖朝前，两臂微屈，两腿伸直，目视前方。

图 59

手落腿侧，掌心向里，指尖向下，重心右移，目视前方。

图 60

左脚收回，并步还原，目视前方。

要点提示

（1）前后穿掌、前后滚掌、左右滚掌要求以内在的螺旋带动外在的圆弧，内走螺旋可按摩五脏六腑，改善心脏的供血功能。

（2）此节动作先前后穿掌，再横向滚掌，最后抱球状推滚，均要求两掌劳宫穴相对。劳宫相对，可使经络通顺、手心发热。

（3）劳宫穴是手厥阴心包经上的一个穴位，位于握拳屈指时中指指尖处，刺激劳宫穴可预防心痛、心悸、多怒、发热无汗、胸胁支满、心绞痛等病症，还有镇静安神、清心降火的作用。

四、揉叩拍心区

图 61

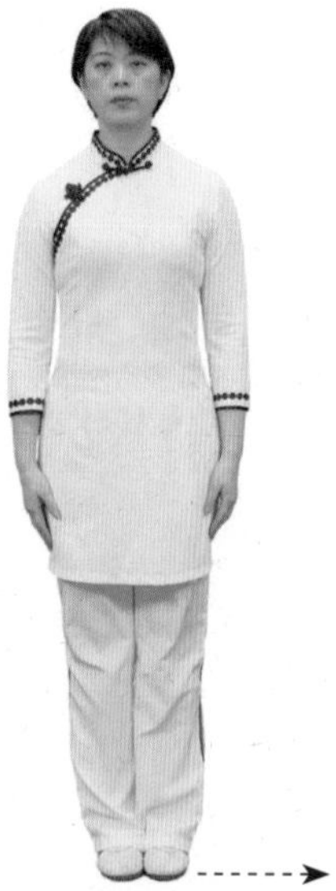

图 62

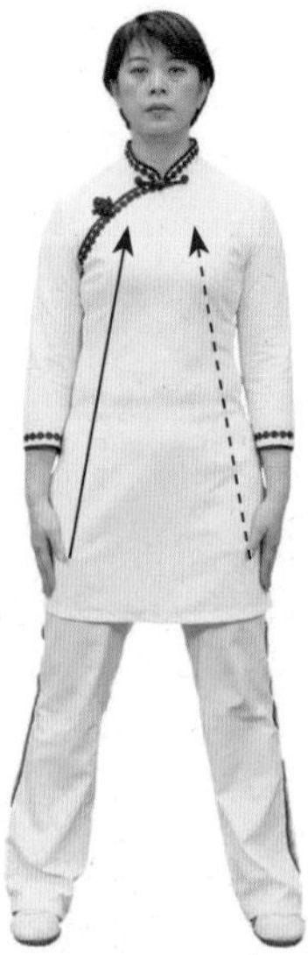

图 61

自然直立，双脚并立，微收下颌，舌抵上腭，排除杂念，目视前方。

图 62

左脚开立，与肩同宽，排除杂念，目视前方。

1. 揉按心区

图 63

图 64

图 63—图 67

「揉按心区」动作说明：两手自胸部的上部、中部向两侧揉按再返回，即沿淋巴循环的方向揉按。

（重复图 63—图 67 动作，左右各揉按心区 30 次。）

图 65

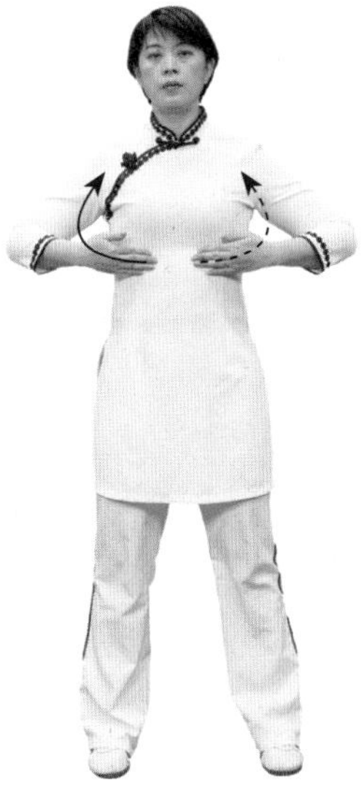

图 66

图 67

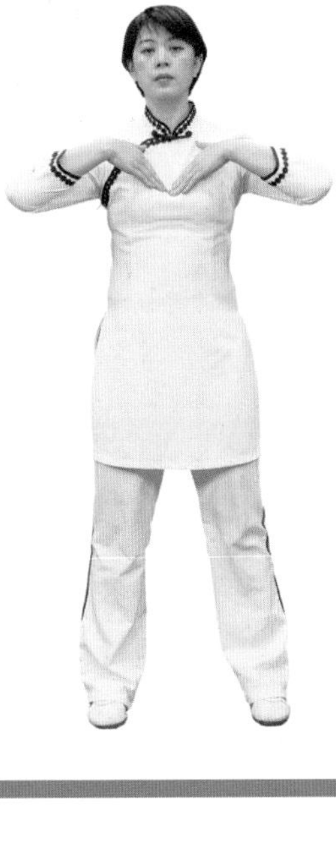

2. 轻叩心区

图 68

图 69

图 70

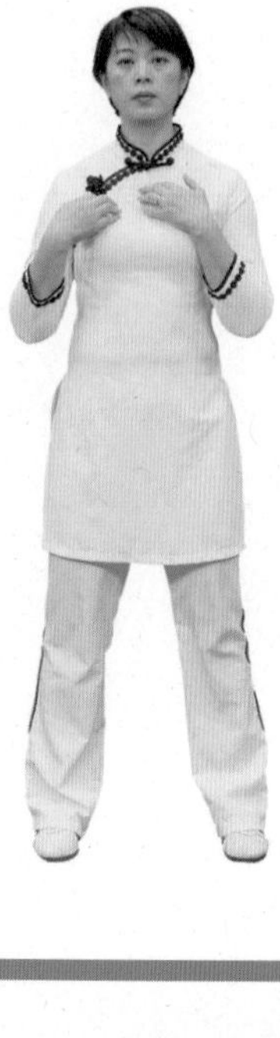

图 71

图 72

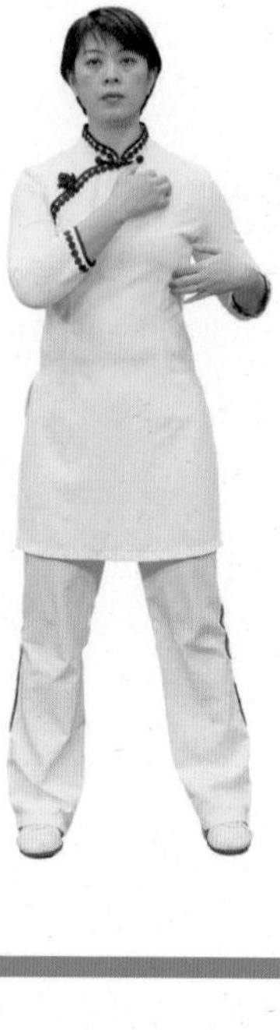

图 68—图 72

「轻叩心区」动作说明：用两手指尖或指腹在胸部的上部、中部、侧部叩击，左右手可交叉叩击。

（重复图 68—图 72 动作，左右各轻叩心区 30 次。）

3. 轻拍心区

图 73—图 77

「轻拍心区」动作说明：用两手第一指节指腹在胸部的上、中、侧等部位轻拍，左右手可交叉进行。

（重复图 73—图 77 动作，左右各轻拍心区 30 次。）

图 73

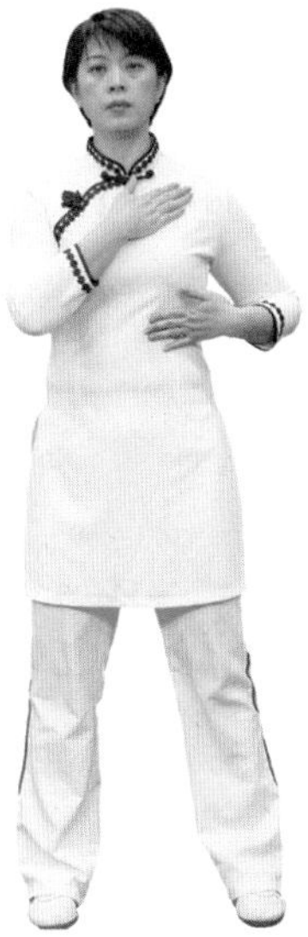

图 74

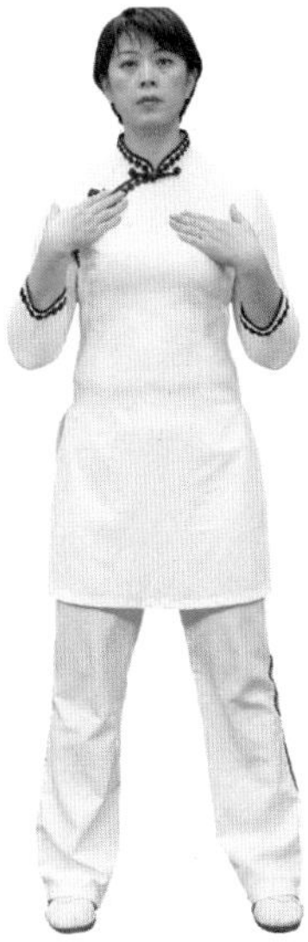

图 75

图 76

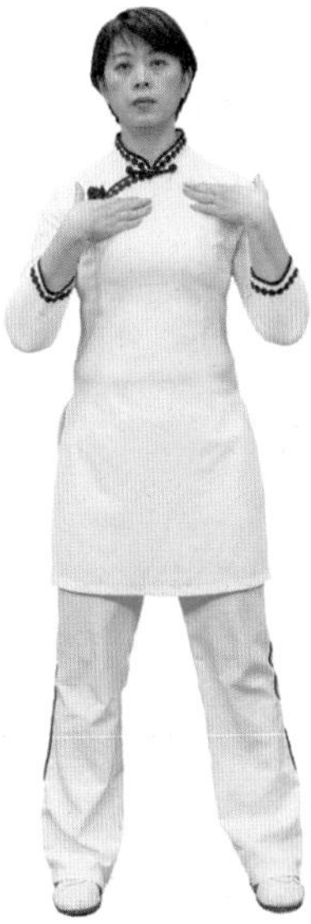

图 77

图 78

图 79

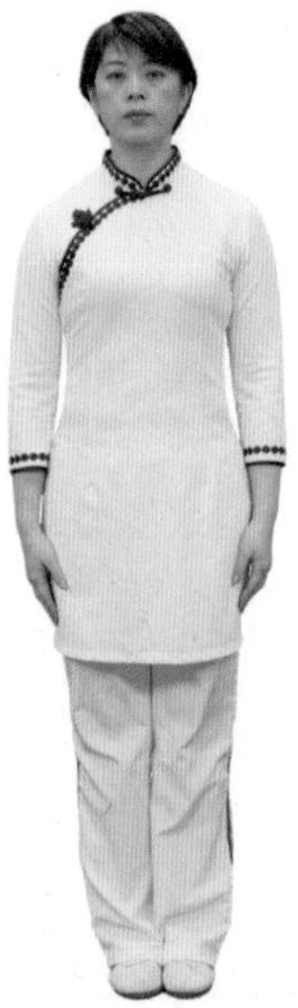

图 78

手落腿侧，掌心向里，指尖向下，重心移右，目视前方。

图 79

左脚收回，并步还原，目视前方。

要点提示

（1）“揉”是力达指腹，“叩”是力达指尖或指腹，“拍”是力达五指第一节指腹。

（2）由中央向两侧画弧揉按，按照揉按→轻叩→轻拍的顺序进行，这样可刺激到经过心区的经络，促进和改善心脏的血液循环。该动作简单，可随时随地练习。

（3）当疾病发生的时候，人体的某一部分就会发生相应的气血阻滞，造成气血的局部性、临时性的聚集，从而出现“阿是现象”，出现这种现象的部位叫阿是穴，当疾病解除时，气血的临时聚集也随之解除，阿是穴也随之消失。这类穴位一般都随病而定，多位于病变的附近，没有固定的位置和名称。在揉、叩、拍时，若发现某处有压痛感，即是阿是穴，那就应在该处多做按摩，因为“通则不痛，痛则不通”。经过一段时间的按摩后，若该处的疼痛感减轻甚至消失，说明有瘀滞的部分通了，从而达到辅助治疗的效果。（注：阿是穴，穴位分类名，又名不定穴、天应穴、压痛点，它的取穴方法就是以痛为腧，即人们常说的“有痛便是穴”。）

五、点按三穴位

图 80

自然直立，双脚并立，微收下颌，舌抵上腭，排除杂念，目视前方。

图 81

左脚开立，与肩同宽，目视前方。

图 80

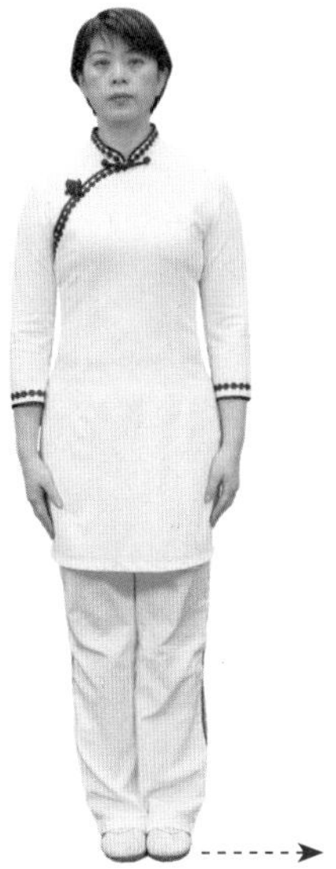

图 81

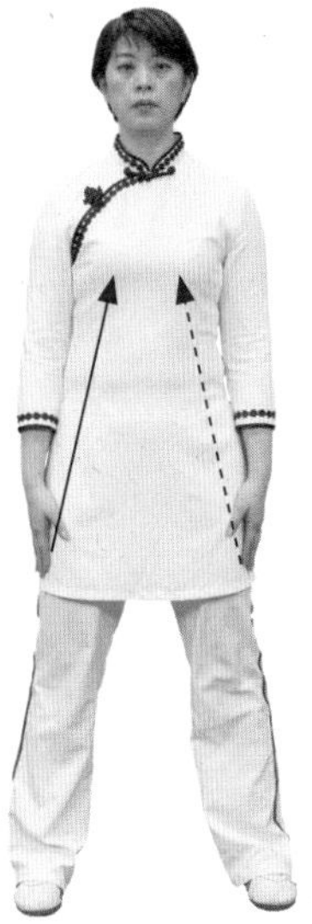

图 82—图 84

点按天池穴动作说明：两手大拇指指腹点按天池穴（乳头向外横开 1 厘米处）。

（重复图 82—图 84 动作，点按 30 次。）

图 82

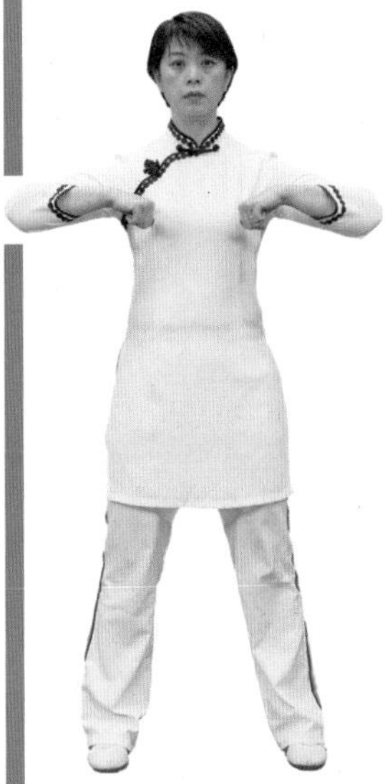

图 83

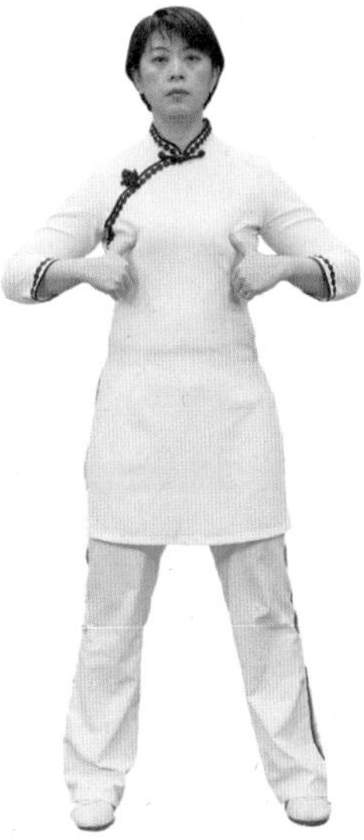

图 84

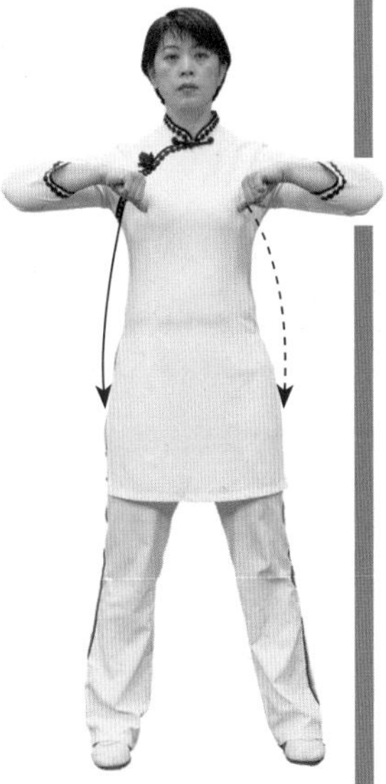

图 85

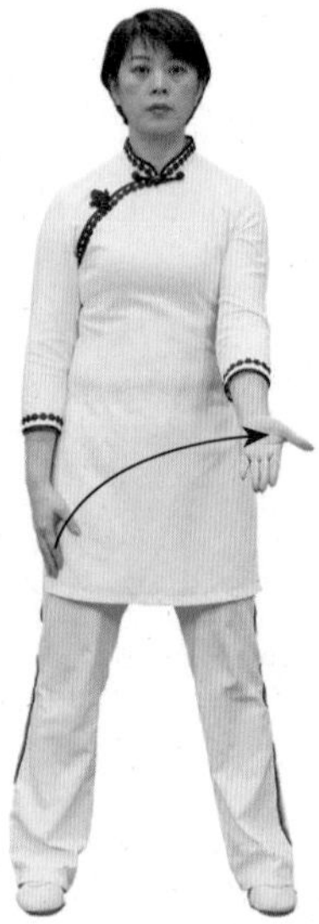

图 86

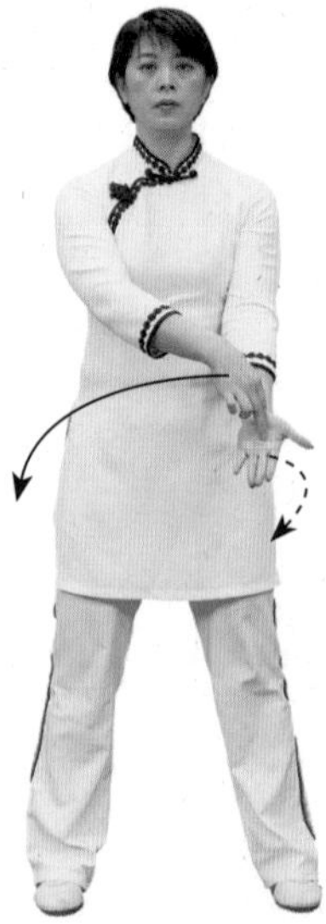

图 85、图 86

左臂外旋，掌心斜前，劳宫内关，点按两穴。

点按劳宫穴和内关穴动作说明：左手略前伸，掌心向上，右手以中指指腹点按左手的劳宫穴（握拳屈指时中指指尖处）；以拇指指腹点按左手的内关穴（腕横纹上 2 厘米）。

图 87

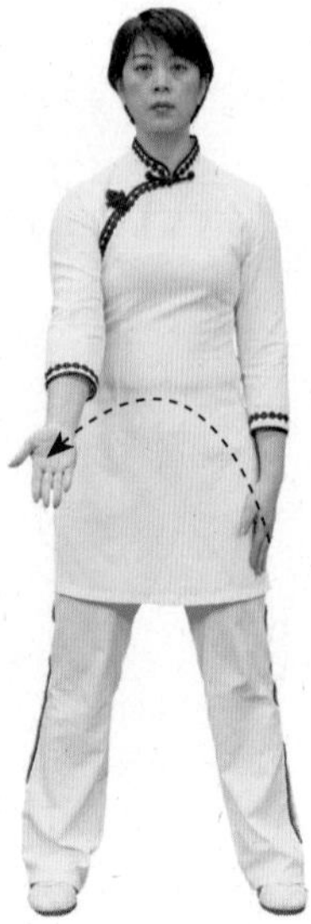

图 88

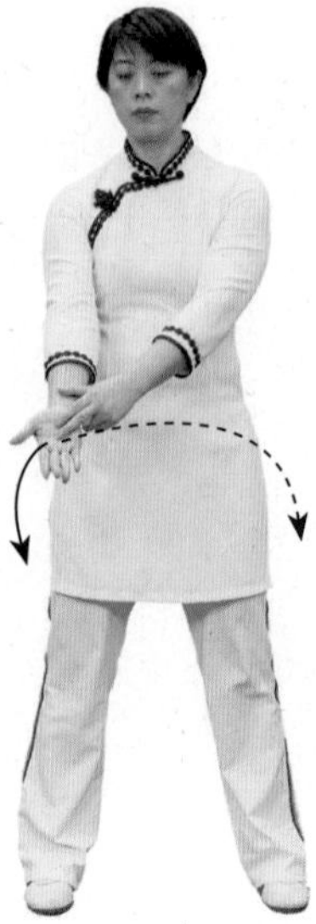

图 87

右臂外旋，掌心斜前。

图 88

劳宫内关，点按两穴。

（重复图 85—图 88 动作，左右手各顺时针点按 30 次。）

图89 手落腿侧，掌心向里，指尖向下，重心移右，目视前方。

图90 左脚收回，并步还原，目视前方。

图89

图90

要点提示

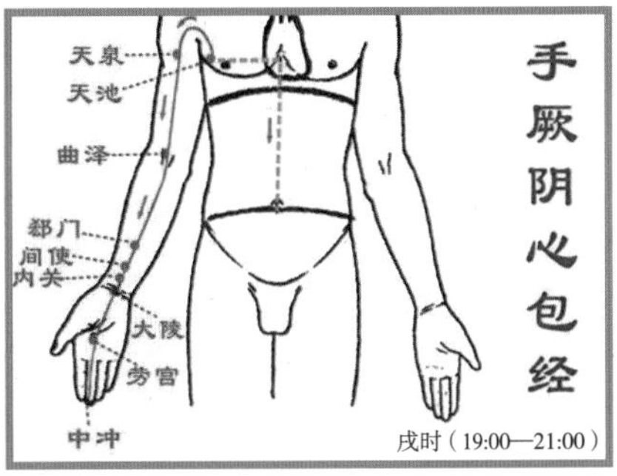

天池穴、内关穴、劳宫穴均是手厥阴心包经上的穴位。心包是心脏外围的组织，对心脏起着保护的作用，按摩的最佳时间是戌时（19:00—21:00），此时心包经当令，按摩时不宜过饱或太饿。

（1）天池穴：是手厥阴心包经的起点穴，位于乳头向外横开 1 厘米处。按摩此穴主治胸闷、咳嗽、痰多、气喘、胁肋胀痛等疾病。

（2）内关穴：位于前臂掌侧，腕横纹上 2 厘米，两筋中间处，是很重要的养生穴位，被称为“心神卫士”。《四总穴歌》云：“心胸取内关。”按摩此穴主治心痛、心悸、胸闷、胸痛等心胸病症。

（3）劳宫穴：位于手掌心，握掌屈指时中指指尖处。

六、拍打三穴位

图 91

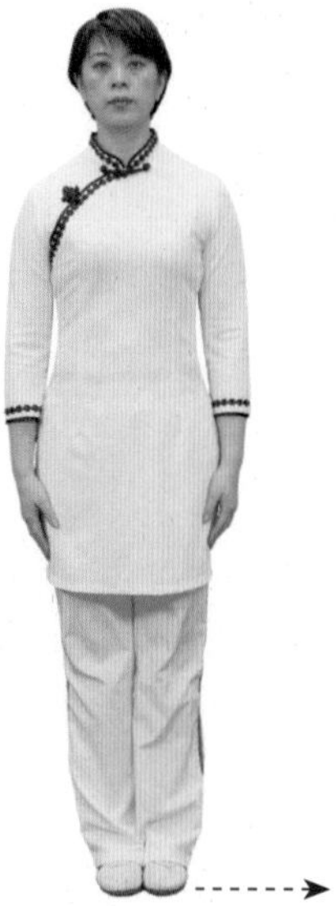

图 92

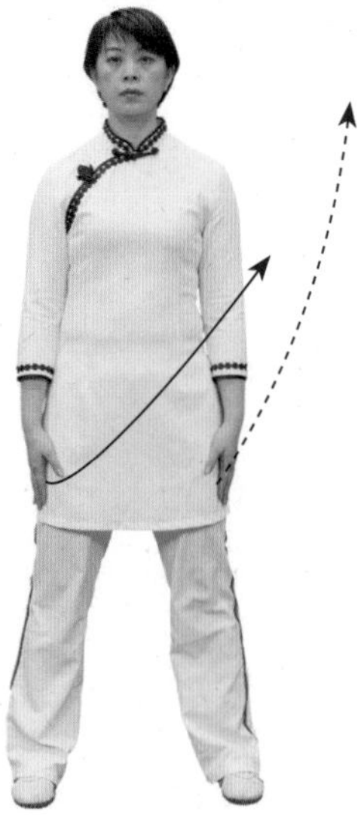

图 93

图 94

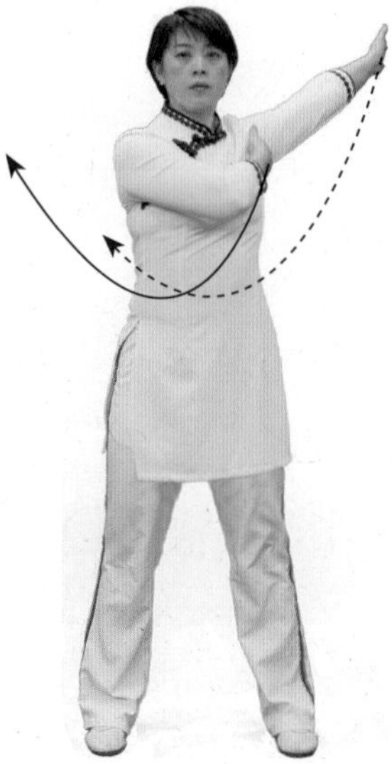

图 91

自然直立，双脚并立，微收下颚，舌抵上腭，排除杂念，目视前方。

图 92

左脚开立，与肩同宽，目视前方。

拍打极泉穴动作说明：以手四指各指节拍打极泉穴（腋窝中部有动脉搏动处）。

图 93、图 94

拍打左极泉穴。

图95、图96

拍打右极泉穴。

（重复图93—图96动作，左右各拍打30次。）

图95

图96

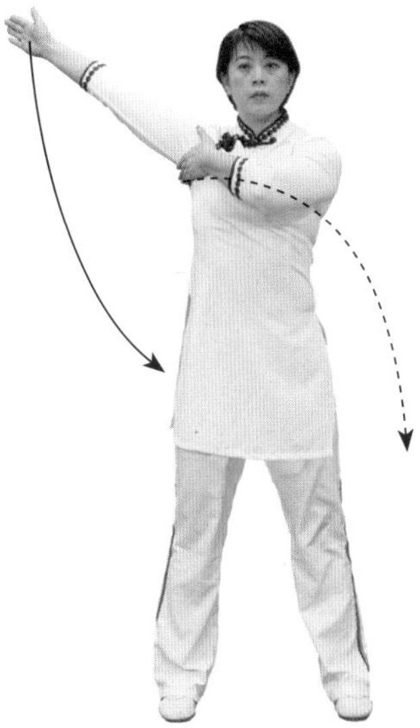

拍打曲泽穴动作说明：以手四指各指节拍打曲泽穴（肘横纹中，到肱二头肌腱的尺侧缘）。

图97、图98

拍打左曲泽穴。

图97

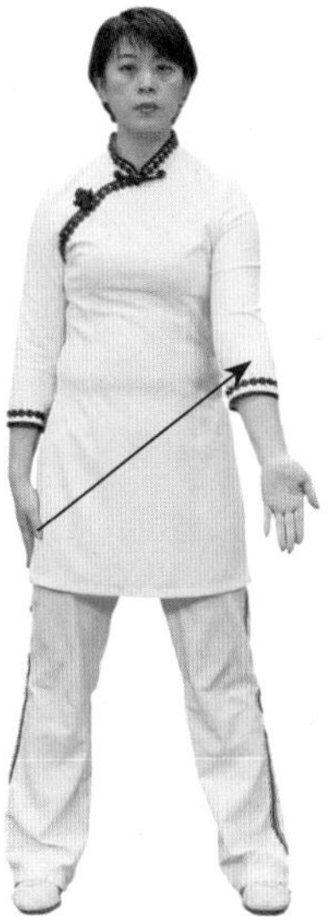

图98

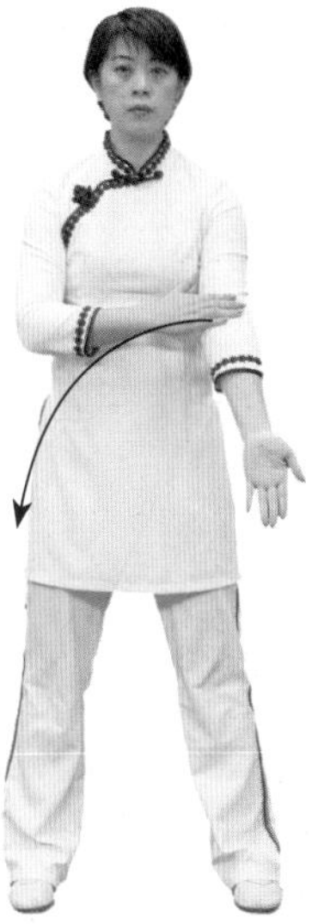

图 99、图 100

拍打右曲泽穴。

（重复图 97—图 100 动作，左右各拍打 30 次。）

图 99

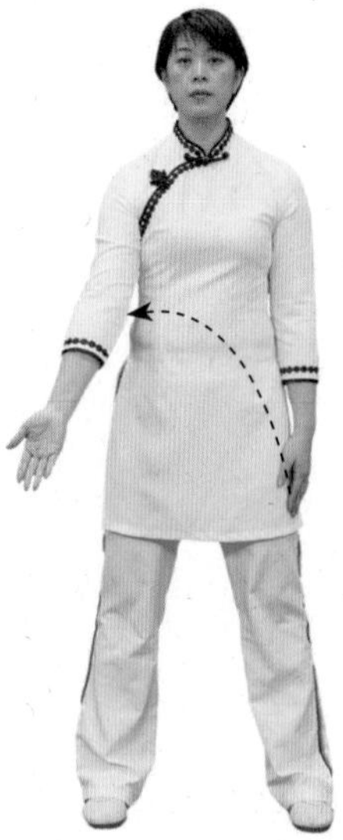

图 100

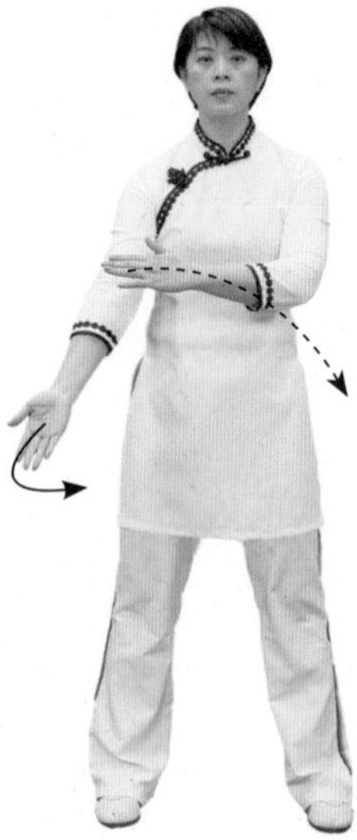

拍打郄门穴动作说明：以手四指各指节拍打郄门穴（小臂内侧中线上，腕横纹上 5 厘米处）。

图 101、图 102

拍打左郄门穴。

图 101

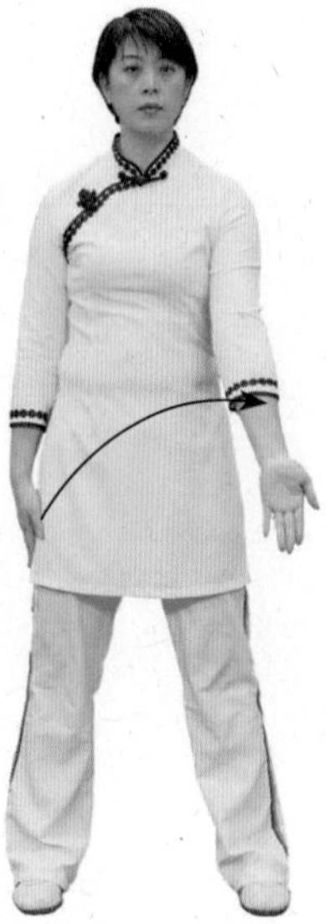

图 102

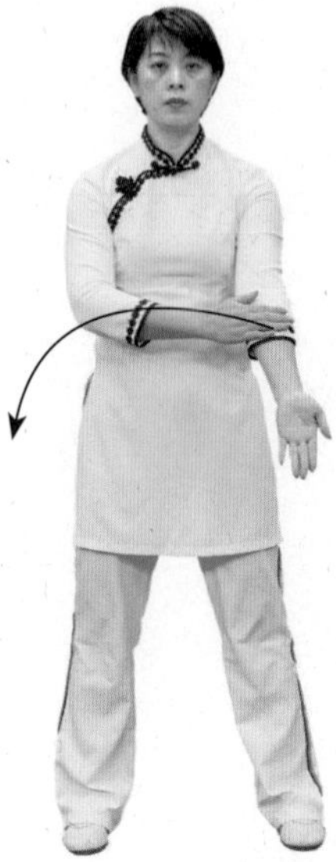

图 103、图 104

拍打右郄门穴。

（重复图 101—图 104 动作，左右各拍打 30 次。）

图 103

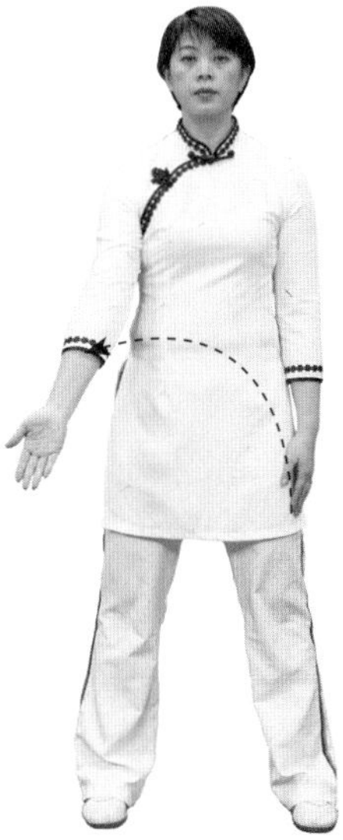

图 104

图 105

手落腿侧，掌心向里，指尖向下，重心移右，目视前方。

图 106

左脚收回，并步还原，凝神静气，目视前方。

图 105

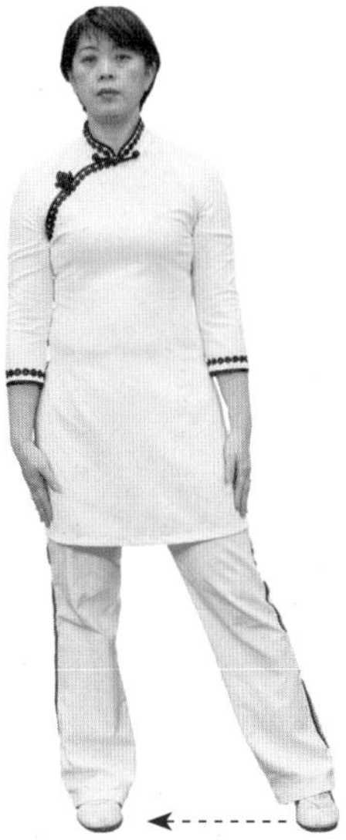

图 106

要点提示

（1）极泉穴、曲泽穴、郄门穴分别是心经和心包经的重要穴位，拍打这些穴位对保养心气系统具有很好的作用。拍打时手法应由轻到重，以略有痛感为宜；待拍打一段时间适应后再加大力度。

（2）极泉穴：是防治冠心病常用穴，此穴主治心痛、胸闷、四肢不收、肩周炎、冠心病、心绞痛、心包炎、脑血管病后遗症、肋间神经痛等，常弹拨此穴可预防冠心病、肺心病等。

（3）曲泽穴：此穴主治心痛、心悸等心脏疾病，拍打此穴可缓解胸闷、心慌。有资料显示，如心梗发作时，连续拍打左臂曲泽穴，能起到一定的缓解作用。

（4）郄门穴：是心绞痛应急穴，此穴主治心痛、心悸、胸痛、心烦、咳血、呕血等。

收功

1. 拍打左臂手三阴三阳经

拍打动作说明：重复2遍，共3组，拍打顺序：左手三阴经↓左手三阳经↓右手三阴经↓右手三阳经↓躯干↓两腿足三阳经↓两腿足三阴经。

图107—图109

以右手五指各指节从肩至手掌自上而下拍打左臂内侧手三阴经。

图107

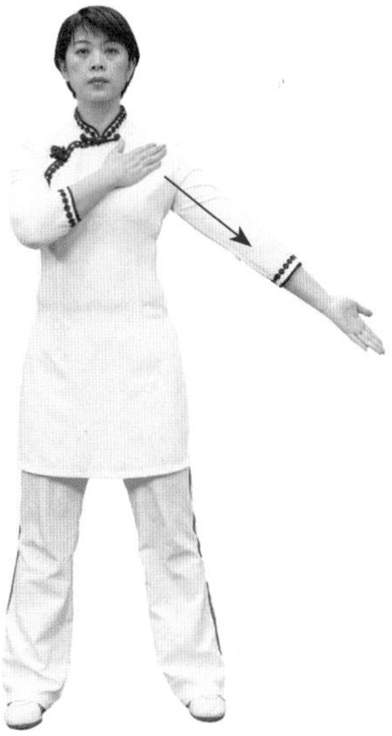

图108

图109

图 110—图 112

左臂内旋，仍以右手五指各指节从掌背至肩自下而上拍打左臂外侧手三阳经。

图 110

图 111

图 112

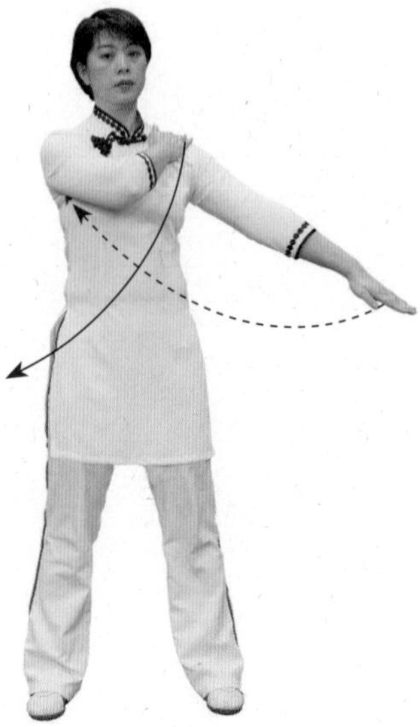

2. 拍打右臂手三阴三阳经

图113—图115

以左手五指各指节从肩至手掌自上而下拍打右臂内侧手三阴经。

图113

图114

图115

图 116—图 118

右臂内旋，仍以左手五指各指节从掌背至肩自下而上拍打右臂外侧手三阳经。

图 116

图 117

图 118

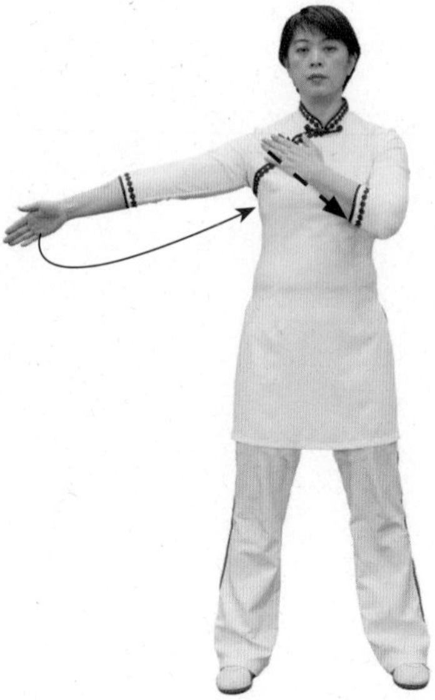

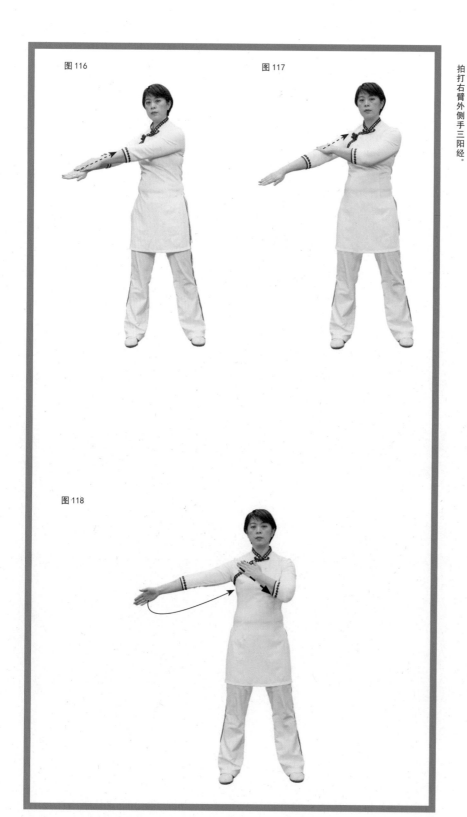

3. 拍打胸腹两侧

图119—图120

两手手掌沿胸腹两侧自上而下拍打。

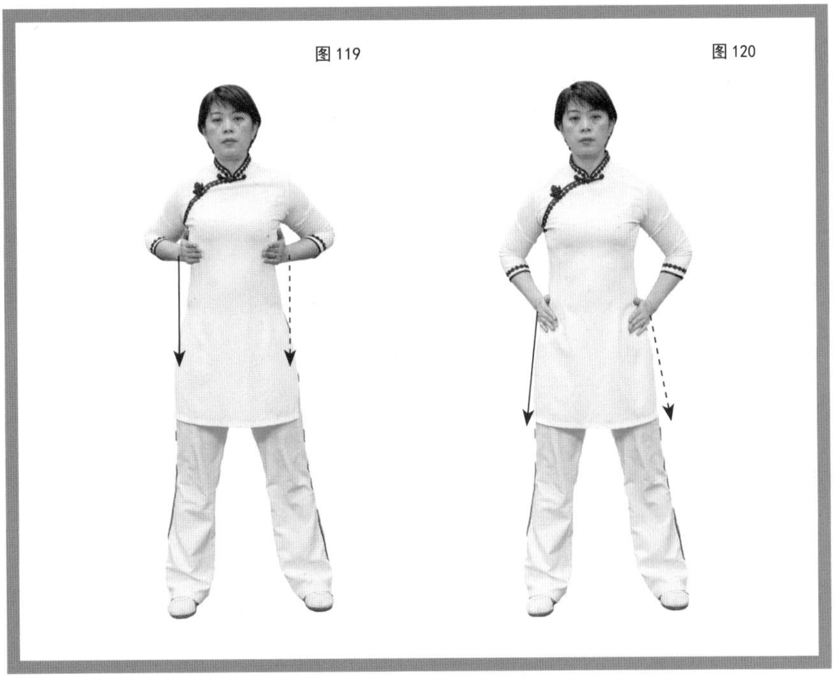

4. 拍打两腿外侧足三阳经

图121—图123

以两手五指各指节从大腿至足踝外侧自上而下拍打两腿外侧足三阳经。

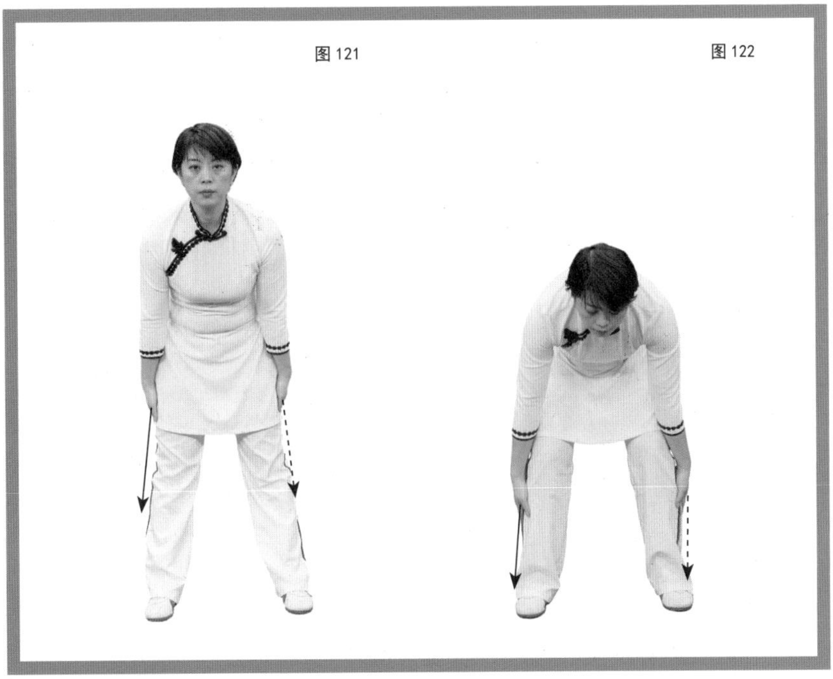

图 123

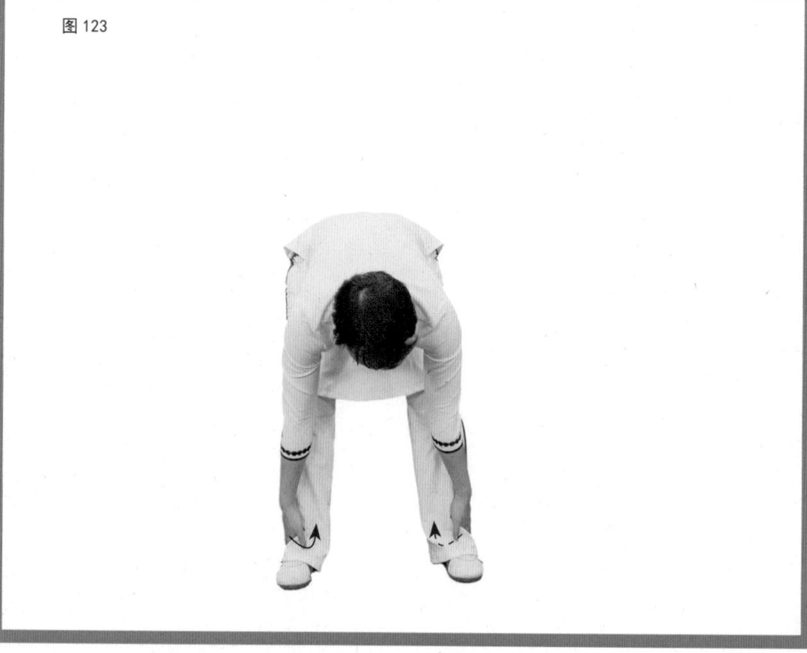

5. 拍打两腿内侧足三阴经

图 124　　图 125

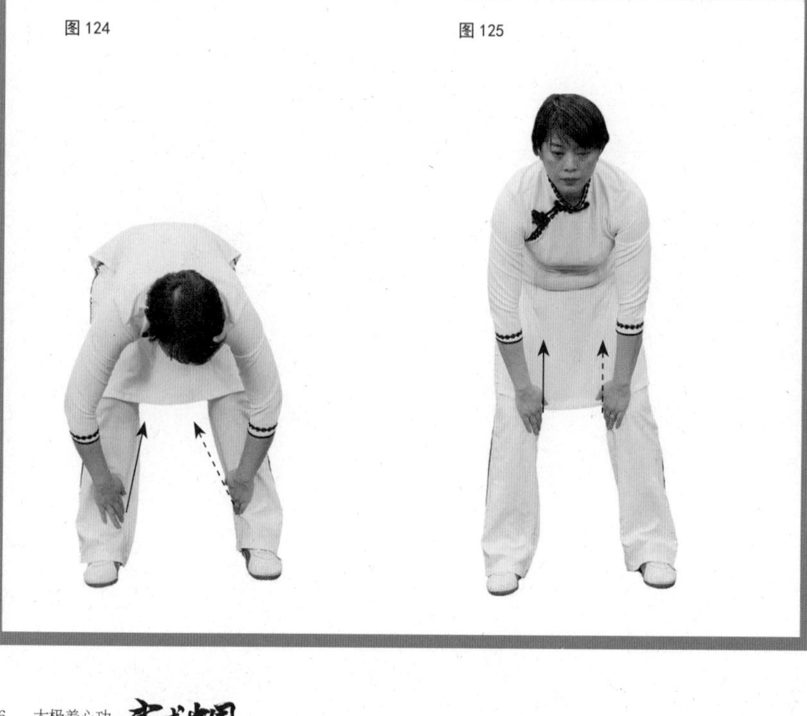

图 124—图 127

以两手手掌从足踝内侧自下而上拍打两腿内侧足三阴经。

图 126

图 127

图 128

图 129

图 128

手落腿侧，掌心向里，指尖向下，重心移右，目视前方。

图 129

左脚收回，并步还原，凝神静气，目视前方。

要点提示

收功拍打是顺着经络循环的方向进行拍打，既能放松全身，促进经络循环，又能促进静脉回心，保证了心脏的血液供给，使血流和经络的循环更加畅通，达到预防和辅助治疗心气系统疾病的目的。

第三节 练习太极养心功注意事项

一、心静体松，柔和缓慢

在开始整套的太极养心功练习前，最好衣着宽松，稍微地做一下准备活动，如预热关节和韧带，并放松心情，以便在练功过程中能使气血运行更加顺畅。在前三组动作的习练过程中，始终要松静自然，但松而不散，从上到下、从内到外均要放松，手脚齐动、齐到，使周身上下形成协调的整体。运行时在松中求柔、求缓，但柔而不软、缓而不滞，定势时稍紧、稍刚，但紧而不绷、刚而不僵，即运柔落刚，阴阳相济才能达到抻筋拔骨和疏通经络的效果。练习过程中始终要凝神静气、排除杂念、专注练功，既要练功的环境宁静，又要练习者个体的心境宁静，这样才能更好地用意念引导动作、气息，使动作、意识、呼吸三者高度协调统一，使心气更加旺盛，能很好地发挥传输气血的职能。练习后三组动作时，心仍然要保持

曾乃梁爱徒、英都太极拳协会会长洪进川带领学员习练太极拳

平静，劲力适度地揉、按、拍重要的护心穴位，不可心浮气躁。

二、放慢呼吸，深长匀细

《养神·练形·防病——养生规律论》一书中讲道：“上天给予众生的生命精元都是一样多的，然而众生每呼吸一次就要消耗一定的精元，呼吸的速度越快，精元消耗也就越快，当精元消耗光的时候，寿命也就到了尽头。就如，狗每分钟呼吸 30 余次，它的寿命很短，一般在 12 岁左右；人每分钟呼吸约 18 次，寿命在 80 岁左右；而乌龟每分钟呼吸 5 次，它的寿命多在 150 岁左右。”所以，练功时必须注意放慢呼吸，力求腹式呼吸，做到深、长、匀、细。养生学家指出：“呼吸入脐，寿与天齐。”同时注意呼吸与动作相配合，即起吸落呼、开吸合呼、收吸推呼，使呼吸与动作紧密结合。当然，初学者首先要掌握动作路线和动作要点，并以自然呼吸为主，不必过于强求腹式呼吸。只要坚持不懈地用心练习，假以时日，水

曾乃梁的学生、新乡市老年大学教师周鸽带领拳友表演“华武太极双珠”

曾乃梁的爱徒、世界太极拳冠军高佳敏演示太极剑

到渠成，腹式呼吸就会成为常态，就能练到以外形引内气、以内气催外形的自然状态，达到护心养心之功效。

三、凝神调息，意贯经络

凝神可以调息，反过来调息也有助于凝神，这二者是一种相互调节、相互依存的关系。在习练该功法时，首先要“清其心”，排除一切杂念；其次要做到心神内敛，将紊乱的呼吸平静下来，即缓慢地、平稳地吐纳，方能凝神于心。

本套功法的后三组动作是以按摩穴位为主，在整个按摩拍打过程中，应该注意始终要用意念来引导动作，才能意贯经络。另外，在做收功动作时，拍打手臂三条经络之后，也可在手厥阴心包经上循经揉捏，其起点穴为天池穴，终点穴为中冲穴。某处若有较为强烈的酸、痛、麻之感，就是不通之处，称为“阿是穴”，也就是我们要找的“特效穴位”了。务必在此处多揉、多按、多捏、多拍，加以疏导，直到按摩一段时间后疼痛减轻，则说明有瘀滞的部位开始通了。经络通了才能使气血运行无阻，心气系统才能发挥最大作用，才能气血调和百病消，才能够达到更好的养心效果。

四、时段合理，持之以恒

练习此功，除太饱、太饿及太累时不宜练习外，其他时段均可练习。当然如在戌时，即 19:00—21:00 练习更好，因此时气血流注手厥阴心包经，其中 19:40—20:20 更是最佳时段。中医认为：

曾乃梁的爱徒、世界太极拳冠军陈思坦演示太极剑

“心包为心之外膜，附有脉络，气血通行之道，邪不能容，容之心伤，心伤则神去，神去则死矣。”所以，心包如果受损，心脏就会不适，心包健康就可以保护心脏，使其不受外邪侵入。

任何的养生功法必须要有恒心才能见效。人若就医，还得遵照医嘱坚持按时按量地把药服用完才有可能病愈。太极养心功更是如此，只有持之以恒地练习，才能起到预防和辅助治疗心气系统疾病的作用。知易，信难，行更难，所以我们要深信，持久才能见效。

总之，要把碎片化的时间利用起来，练上一两个动作也可以，揉按穴位更是随时可做。做到持之以恒关键是要有护心养心的意识，要有“处处留心皆学问，刻刻留意能练功”的意识。

五、可分可合，灵活养心

我们讲，若能在戌时练习本套功法，并持之以恒，将会有良好的效果。但是，太极需要生活化，生活需要太极化，这样才能在日常生活中实现养心之功效。所以，练习太极养心功未必非要选择特定的时间和地点，也未必非要勉强自己全套练习，可以把它贯穿到我们的日常生活中，使养心更加灵活。如在晨练、散步、闲聊、看电视、排队、候车、坐车、乘飞机、课间休息、工间休息等时候都可以有选择性地抽取其中一两个动作来练习，这样也能达到护心养心的效果。

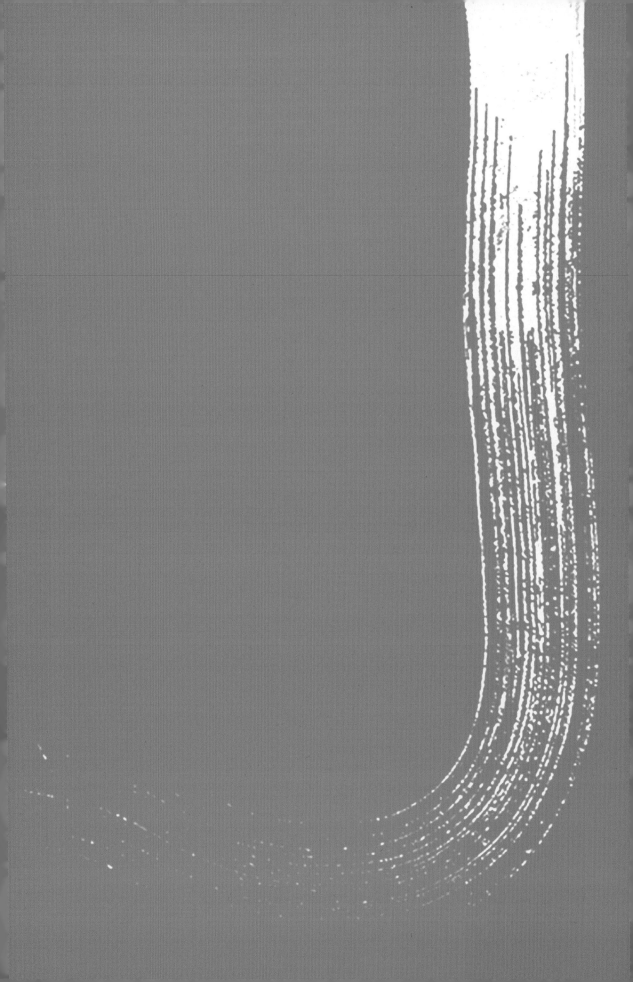

保持乐观 / 愉悦身心	合理饮食 / 拥抱健康	劳逸结合 / 生活规律
戒烟限酒 / 饮茶有道	适度运动 / 护心有方	晚餐少吃 / 口腔卫生

做个好“心”人，其实并不难，就是要养成护心、养心的习惯，形成一种健康的生活方式。

第三章
做个好“心”人

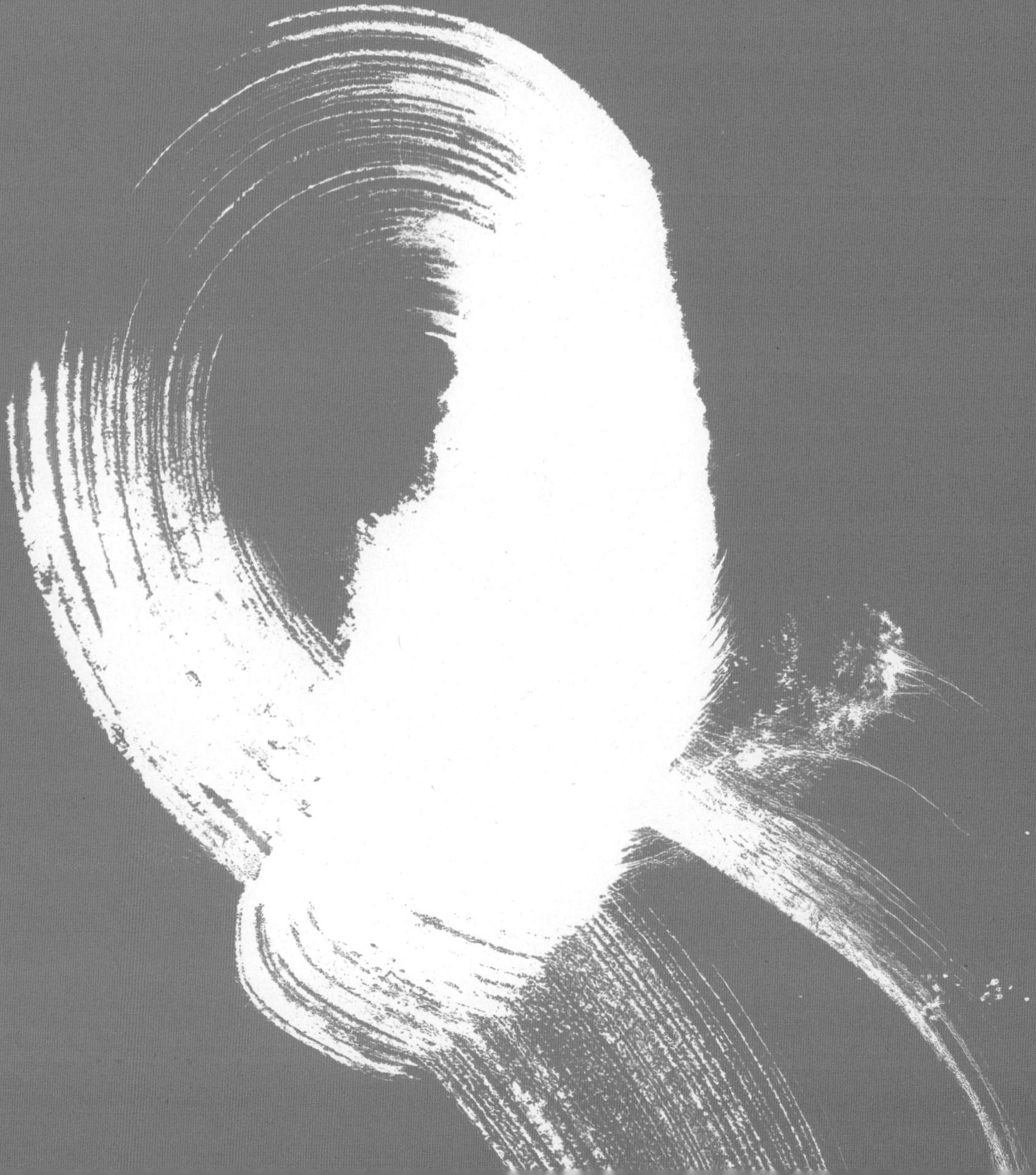

做个好“心”人，其实并不难，就是要养成护心、养心的习惯，形成一种健康的生活方式。有人做过研究，心脑血管和癌症病人中，生活方式不健康的占比高达80%，许多人不是死于疾病，而是死于无知，死于自己不健康的生活方式。以下我们从六个方面来探索健康的生活方式。让我们每个人都能自觉地成为健康生活方式的践行者和受益者，成为好“心”人。

一、保持乐观，愉悦身心

世界卫生组织这样定义“健康”：“不仅是没有疾病和病痛，不体虚，而是生理、心理和社会适应均处于完好的状态。”所以我们不但要注重身体的健康，还要注意心理健康。俗话说：“最好的医生是自己。”面对疾病时，一定不要有恐惧的心理，否则没病吓出病，小病吓成大病。何必自己吓自己？乐观的心态是养生的灵丹妙药，心态不佳将百病生，心态乐观活百岁。希腊雅典的一份医学研究报告指出：“心理干预，能够将心脏病患者死亡和发生心血管意外事件的概率减少一半。”我国著名的医学专家、中国工程院院士钟南山说过：“心理平衡是最关键的，健康的一半是心理健康，疾病的一半是心理疾病。”实践已经证明，一切不利的影响因素中，最能使人短命夭亡的莫过于不良情绪和恶劣的心境。如忧郁、愤怒、悲伤、惊恐、烦躁、贪求、妒忌和憎恨等情绪，会让我们的心跳和呼吸频率失常，对身体造成严重危害。长此以往，则会造成血压、血糖升高，甚至导致心脏病。心脏病专家经过研究后表示：“受到惊吓后可能导致心脏问题引发的死亡。”所以，心理因素在护心、养心中起到十分重要的作用。

怒则气上，气上则心烦，心烦则意志混乱，使心脏超负荷工作，血压飙升，所以“气死人”就不再是一句玩笑话了。老子在《道德经》中说：“上善若水，水善利万物而不争。”海之所以会成为百川之王，因为其能容纳百川。所以保养心气系统，就要静心以宽、处世不惊、遇事不怒，要常常保持宁静淡定、从容大度、乐观平和及舒畅愉悦的心态。养心莫善于寡欲，“志闲而少欲”，这样就能知足常乐，做到“笑一笑，十年少”。一个有喜悦心的人，身体会更健康。请大家天天练习微笑吧！

休闲与音乐也是愉悦身心的好方法，如在空气清新的森林公园里漫步，在富含多种微量元素及矿物质的温泉里浸泡，以及旅游、跳舞、赏花、下棋、听音乐、看戏剧、听相声和以茶会友等，都能够使人们的身心得到充分放松，产生愉悦心情，起到消除疲劳和让人心旷神怡的效果。音乐是人类的第二语言，也是人类的精神食粮，听听柔和、悦耳的音乐能放松心情、调整睡眠、缓解疼痛，还有助于降低胆固醇、降血压、减心率。音乐可使大脑产生“内啡肽”物质及舒松愉悦的电波，激发人们积极而良好的情绪。练习本套太极养心功时也可配以优美舒缓的音乐，以提升养心的效果。

二、合理饮食，拥抱健康

“民以食为天”，中医经典著作《黄帝内经》中说：“食饮有节……故能形与神俱，而尽终其天年，度百岁乃去。”这说明古人早就发现有节制的饮食是长寿的重要因素之一。细嚼慢咽、定时定量、合理科学的饮食习惯对护心、养心尤为重要。

一日之计在于晨，早餐是非常重要的。五脏六腑经过一夜的新陈代谢之后，要进行新一天的工作，需要补充新的营养。民间流传一句话：“早上要吃好，中午要吃饱，晚上要吃少。”早上要想吃得好，就要使食物丰富多样，并且最佳的进食时间是7:00-9:00

曾乃梁的学生、尤溪县太极拳协会会长陈正泰辅导拳友

（足阳明胃经当令）。现如今，特别是学生族、上班族以没时间为借口，养成不吃早餐的习惯。须知长期不吃早餐不但容易导致心脑血管疾病，还会造成肠胃病、低血糖、胆结石、便秘、肥胖、不孕不育、反应迟钝、智力下降等，不但会降低学习和工作的效率，还会缩短寿命。

不少的病是吃出来的，要护心、养心就要健康饮食。健康的饮食应多样化，平衡膳食，合理全面，荤素搭配，以素为主，多吃蔬菜、水果，以补充膳食纤维和维生素；常吃乳品类、各种豆类及豆制品；适量吃一些瘦肉，不吃或少吃肥肉、荤油和油炸食品，因为肥肉与荤油等为高能量、高脂肪食物，摄入过多往往引起肥胖，而肥胖则是引起冠心病、高血压、糖尿病的“先遣兵”，是导致中风的主要杀手。《生命时报》指出：“肥胖者患动脉粥样硬化的概率比健康人群高 10 倍。”人们常说：“多去两斤肉，多长两年寿。”就是告诉我们要避免不合理饮食引起的肥胖，以免心气系统承受不必要的负担。另外，要控制食物总热量，特别要清淡少盐，因为盐会增加血容量，并通过内分泌和体液等使血压升高，加重动脉硬化，增加心脏负担。吃得过饱也会对心脏造成不必要的负担。中医讲“常带三分饥”，这样的饮食原则在我们保护心气系统的过程中也是值得提倡的。

合理饮食可以总结为“三少”“三多”和“三低”。“三少”，即少放油、少吃肉、少食生冷而刺激性的食品。“三多”，即多食蔬菜、多食水果、多食豆制品。美国研究者认为，经常吃新鲜水果的人患心脏病的风险可能会下降。“三低”，即指食用低脂肪、低盐和低糖的食物。

在多种食物中，还可多食以下食物：黑木耳（抑制血小板凝聚）、洋葱（保持血管弹性）、大蒜（增强心脏收缩能力）、生姜（维持血管整体状态）、绿茶和果蔬（降低血液黏稠度，预防血栓形成）、紫葡萄汁（对抗血栓形成，促使血流畅通）等。还有人做过试验，正常人每周吃两块黑巧克力，有助于保护心脏。

三、劳逸结合，生活规律

古今的养生家都以“天人合一”或“天人相应”为养生目标，护心、养心也是如此。我们要适应自然界的规律而生活，要根据自然界白昼阳气盛、黑夜阴气藏的特点，尽量做到“日出而作，日落而息”。按时作息、定时进餐、定时劳作、定时锻炼、定时排便，切勿过劳，要适当休息才能更好地工作，做到形劳而不倦。

俗话说：“药补不如食补，食补不如睡补。”新华网报道：“每晚睡眠时间不足 6 小时者，患心脏病和中风的风险高两倍，患充血性心力衰竭的风险多三分之二。睡多了也不好，有研究人员说，每晚睡眠时间超过 8 小时者患心绞痛的风险加倍，患冠心病的风险增加 19%。研究显示，7—8 小时是最佳睡眠时长。”有心脏疾病的朋友在睡眠方面要注意：1. 餐后不宜立即就寝，特别是患有缓慢性心律失常的朋友易在此时因迷走神经的兴奋而发生意外；2. 晚上睡觉前，在戌时（19:00—21:00）练习本套太极养心功或其他保护心脏的养生功法，并在亥时（21:00—23:00）入睡，入睡前饮适量的温开水，以降低睡觉过程中易加大的血液黏稠度；3. 睡觉时，使用合适的枕头，以使心脑供血充足，宜多采用右侧卧的睡姿，而少采用左侧卧的睡姿，左侧卧会对心脏造成一定的压力；4. 世界卫生组织报告显示：午睡醒后是急性心梗发作的高危时间，早晨醒后是脑中风发生的高危时刻，也是急性心肌梗塞的多发时段，所以午睡或早晨醒后都不宜立即起床，应稍微伸伸懒腰或活动一下四肢，使身体各机能逐渐恢复后再慢慢侧身起床。另外，还应注意排便的通畅，若便秘的话，屏气排便时会使腹压和血压升高，可致脑溢血、心梗引起的猝死，应沉气以腹压排便。

关于夫妻的房事，美国权威商业杂志《福布斯》公布了积极的性生活对人体有益的十大医疗效果，其中有一项便是延长寿命。有人研究发现，男性一周有 3 次性生活能将心肌梗塞和中风的发病风险降低一半，科学、卫生、合理、适度的房事，对健康是有益处的。年轻时防纵欲，年老时防禁欲，中老年仍要保持适当的性生活，但过 50 岁后在强度和时间上均要控制。

同时，还要注重四时养生，春、夏养阳，秋、冬养阴，夏季需降心火、防暑，可适当多吃一些带苦味的食物，如苦瓜、绿豆、莲心等。劳逸结合，生活规律，形成人体合理的生物钟，是护心、养心的重要措施，否则，容易导致心脑血管和代谢性疾病。

四、戒烟限酒，饮茶有道

一支点燃的香烟的烟雾含约 4000 种化学物质，还含有数十种致癌物质。吸烟后由于肾上腺素分泌增加会使血压升高，心跳加快，其中的尼古丁进入体内，会经由血液传送，并可通过血脑屏障，吸入后平均只需要 7 秒即可到达脑部。尼古丁可促使血管痉挛，容易导致动脉粥样硬化和诱发心脏病。有研究表明，大量吸烟者比不吸烟者冠心病发病率高 2.6 倍以上，心绞痛发病率高 3.6 倍以上。所以戒烟是降低心血管疾病风险最经济的方式，可降低 36% 的死亡率。不吸烟者也要注意避免吸入二手烟，因为二手烟在成分上与吸烟者吸入的主流烟雾并没有差别。中国疾病预防控制中心控烟办公室在《二手烟的危害》一文中写道："全世界科学家经过上万个科学研究共同证实，被动吸入的烟雾同样可引起肺癌等恶性肿瘤、慢阻肺、心脑血管病等严重疾病，使非吸烟者的冠心病风险增加 25% ～ 30%，肺癌风险提高 20% ～ 30%。即使短暂地接触二手烟，也会导致上呼吸道损伤，激发哮喘频繁发作，增加血液黏稠度，损伤血管内膜，引起冠状动脉供血不足，增加心脏病发作的危险等。"

酒宜小酌，不宜大饮。大量饮酒会增加心脏负担，大量酒精会直接损害心肌。长期大量饮酒可导致心脏功能衰竭，使冠心病的患病率增加。当然，适量饮些红葡萄酒能起到舒筋活络的作用，但这些都要因人而异。

曾乃梁爱徒、中国武术七段王群英与学生在演练"太极对剑"

我们都知道，适量饮茶有益健康，因茶中含有的茶多酚有助于延缓衰老，还能使动脉粥样硬化的斑块增生受到抑制，从而能抑制动脉硬化，防止心血管疾病。绿茶更有明显的抗癌功效。但常喝浓茶，会因摄入茶叶中过多的咖啡因使大脑兴奋、情绪烦躁、心跳加快，甚至心律不齐，进而加重心脏的负担。若空腹或晚上饮浓茶就更容易加重冠心病患者的病情。如果浓茶与香烟叠加，即抽烟加喝浓茶，则会使心律失常率成倍增加，严重的心律失常若抢救不及时，可能发生猝死。要知道浓茶和香烟都是心脏的天敌。

五、适度运动，护心有方

世界卫生组织提出“为健康而活动”的口号，因为现代人的病多数是坐出来的，如 IT 行业等办公室一族，由于长期久坐，身体机能逐渐下降，血液循环差了，轻者坐出肩周炎、颈椎病、腰椎病、失眠等方面的毛病，重者坐出心脏病。近几年的新闻中青少年因长期坐在网吧玩游戏导致猝死的事例，不得不引起我们的深思。坐的时间长了，应起身稍微伸伸懒腰并活动一下，可练习本套功法，或拍拍强心的穴位，我们不能再“坐以待毙”了。

一般情况下，我们若生病了会习惯性地到医院就诊，然后听医嘱按时服药和复诊，直至痊愈。但是，生活中，我们除了找医生开药方之外，更重要的是应该选择适合自己的运动来加强自身五脏六腑的功能及自愈能力，只有提高自身免疫系统的功能，才能少生病或有病早愈，特别是有氧运动对患有慢性疾病的朋友来说是最好不过的选择。有氧运动如打太极拳、步行、练健身气功和游泳等，有利于增加血流量，改善血液循环系统，增加心肌供血的能力，并能提高心肌对缺氧的耐受力，减少心血管疾病的发生。尤其是具有动静相兼、刚柔相济等特点的太极拳能很好地改善血管的弹性，所以有人把太极拳比喻为“动脉血管的保护神”，它对护心、养心效果很好。

坚持每天快走（或快、慢走交替）30分钟至40分钟，则有助于分解脂肪，消除动脉硬化斑块。因此，经常以步代车的人患心血管疾病的概率，明显地低于喜欢乘车或开车的人。另外，每晚临睡前可以用冷热水交替淋浴，热水应加到40℃—44℃，冷水渐渐降到12℃—16℃，每次各2—3分钟，交替3—5次后，以热水浴结束。这样做有助于保持血管的弹性，起到护心、养心的作用。

要注意的是不可过度运动，尤其是高强度的训练，会有损心脏健康。中老年朋友在活动时只需要达到身体微微出汗即可，不宜大汗淋漓、气喘吁吁。

曾乃梁练功

六、晚餐少吃，口腔卫生

在市场经济的大环境下，社会竞争日益激烈，大多数人为了生活疲于奔命，基本上只有到了晚上下班之后才能犒劳一下自己，逐渐形成了早上吃不好、中午吃不饱、晚上吃太饱的恶性循环现象。要知道，晚餐吃得太多容易增加血液中脂类物质的含量，而过多的胆固醇和脂肪在动脉血管壁上堆积起来，就可能诱发动脉粥样硬化、高血压、冠心病、血栓等各种心脑血管疾病。所以，晚餐宜早吃、少吃，这对保护心脏也很有意义。

不要吃夜宵。现在有不少朋友喜欢晚上甚至深夜到大排档、酒吧等场所吃烧烤、喝啤酒。夜幕降临的时候正是万物收敛之时，鸟儿们都知道要归巢了，我们的五脏六腑也应该收敛了，需要养精蓄锐。晚上大吃大喝会使五脏六腑的负担大大加重，这是不健康的生活方式。特别是睡前饱餐一顿，无疑是在自我伤害和自我减寿。

保持口腔健康，也可以降低患心脏病的概率。口腔卫生不良及牙龈出血可能导致700多种细菌进入血液中，而这些细菌可能引起动脉硬化，动脉硬化则可能诱发心脏病和中风。因此，每天至少刷牙两次，饭后要漱口，并用牙线清洁牙齿。可以这么说："口腔越清洁，心脏越健康。"

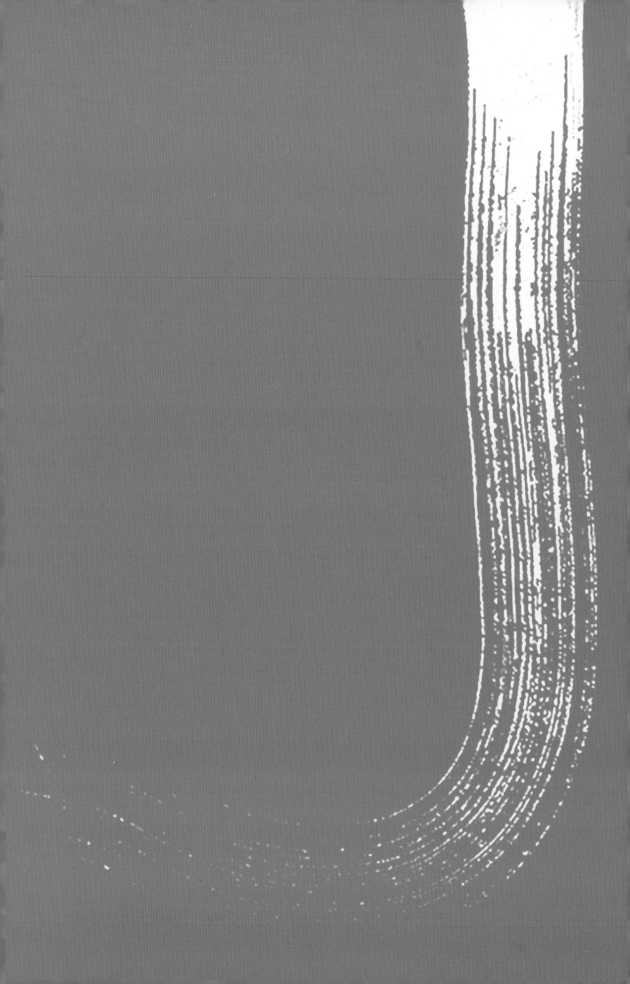

时辰经络养生要点	年轻的心
十二个时辰和我们的五脏六腑及经络密切相关 / 每一个时辰都有一条经络在“值班”	心到、想到、做到，这样的“心”适合养生

我们能针对每一个不同的时辰来保养其相对应的脏腑，就能顺应气血盛衰和经络运行的规律，从而使养生达到事半功倍的效果。

附　录

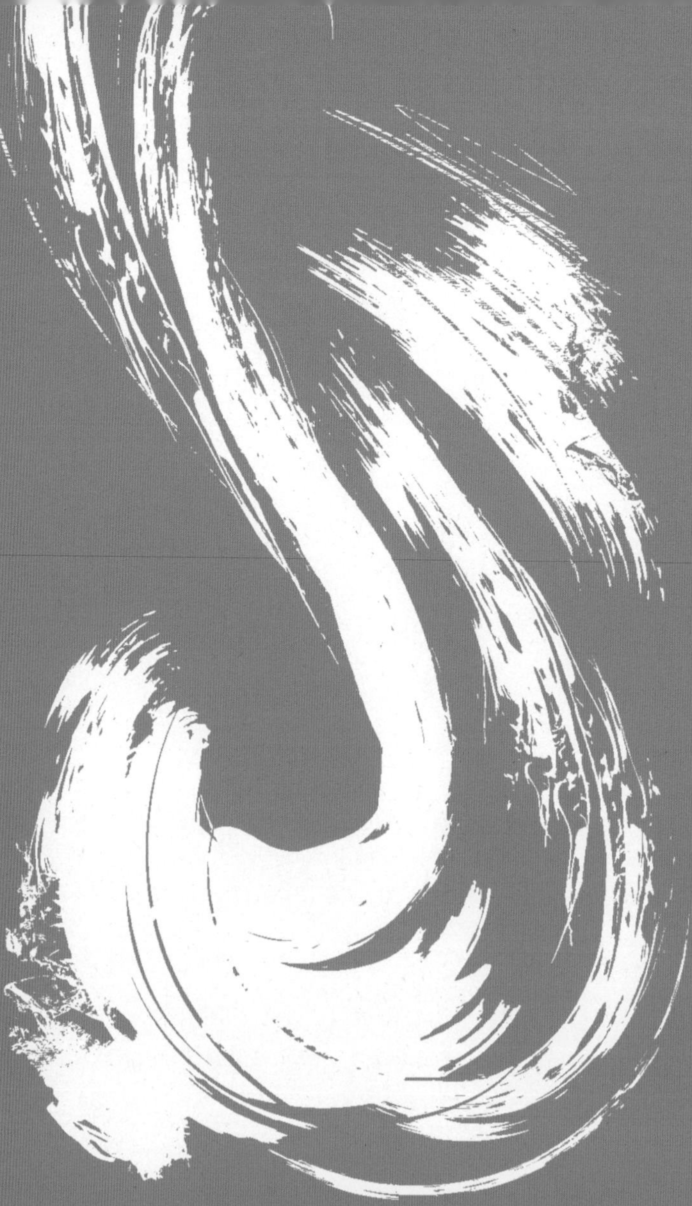

附录一　时辰经络养生要点

子时：开穴时间为23时—凌晨1时，胆经当令，即气血流注足少阳胆经。

子时为由天黑转为天亮交界的时间段，子时前熟睡，第二天才能神清气爽。古人云："眠食二者，为养生之要务。"良好的睡眠，能让身体补充能量，恢复体力，有养阴培元之效。若经常超过子时入眠，则称为熬夜，易引起神经衰弱、心血亏、植物神经紊乱、失眠等病症，甚至引发抑郁症。

足少阳胆经单侧44个穴，下面重点介绍2穴。

（1）风池穴——项后枕骨下两侧凹陷处。

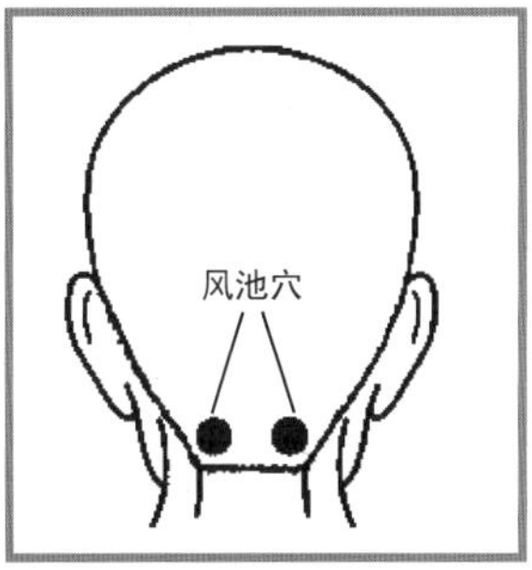

刺激本穴有祛风、散邪、解表的作用，能防治感冒、头晕、头痛、热病初起、颈项强痛、高血压、鼻出血及脑动脉硬化等症。

（2）环跳穴——侧卧，大转子后方凹陷处。

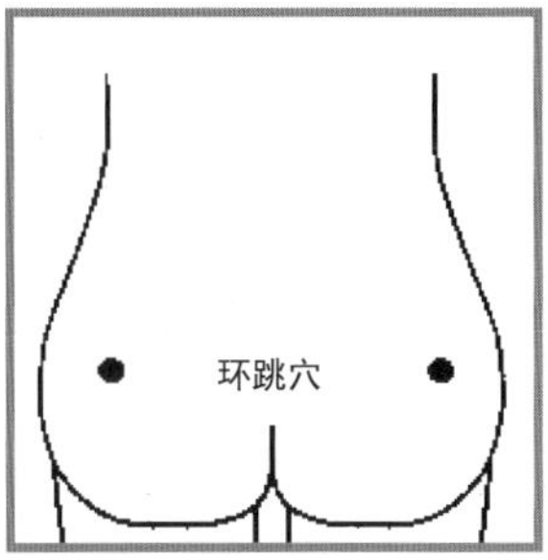

刺激本穴具祛风除湿、舒筋活络、通利关节、活血化瘀及散寒止痛之功效，能防治腰腿痛、下肢痿痹、膝踝肿痛及坐骨神经痛等症。

丑时：开穴时间为 1 时—3 时，肝经当令，即气血流注足厥阴肝经。

肝脏主藏血，主疏泄，开窍于目。当人体活动时，肝脏即把所藏的血液慷慨地供应出来；当夜里人们睡觉时，全身的血液则归还给肝脏，即所谓“卧，则血归于肝”。人在 23 时前入眠，则可养肝，因为“肝胆相照”。如长期熬夜加班、上网，则肝失所养，导致肝气不舒，肝郁气滞，就易脾气大、易抑郁、易疲劳。

足厥阴肝经单侧有 14 个穴，下面重点介绍 2 穴。

（1）章门穴——合腋屈肘时，肘尖止处。

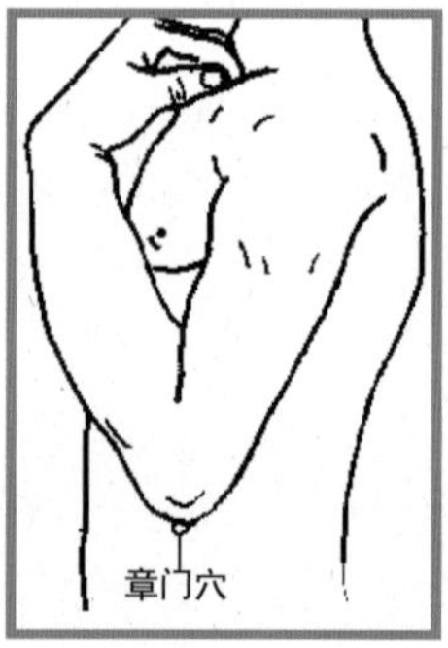

五脏之气汇聚于章门，该穴不仅是“脏会”，而且还是脾脏的“募穴”。刺激本穴有疏肝解郁、调畅气机、健脾和胃及益气养血之功效，能防治胸肋痛、黄疸、腹痛、腹胀、肠鸣、泄泻、呕吐等。

（2）太冲穴——足背侧，第一、第二跖骨之间隙后方凹陷处。

本穴为肝经上的重要穴位。刺激本穴具有疏肝理气、平肝泄热、活血化瘀之功效，能防治肋痛、腹胀、黄疸、肝炎、胆囊炎、呕逆、高血压及月经不调等。

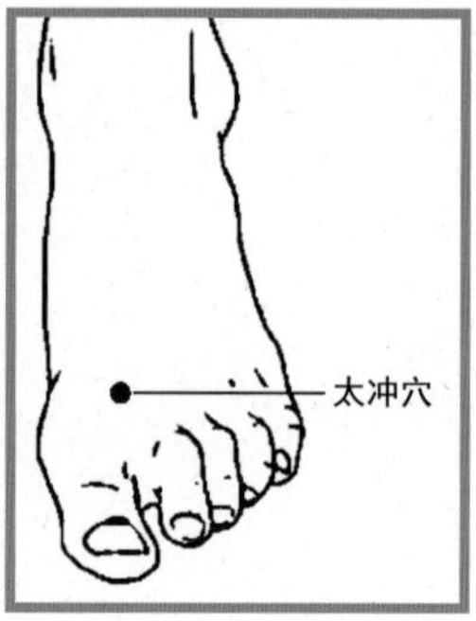

寅时：开穴时间为 3 时—5 时，肺经当令，即气血流注手太阴肺经。

肺主一身之气，与呼吸系统关系最为密切。“肺主皮毛”，寅时睡得好，不仅健肺，而且能够有效预防心脏病的突发，还有美容养颜的作用。

手太阴肺经单侧有 11 个穴位，下面重点介绍 2 穴。

（1）云门穴——锁骨外端下缘三角凹陷之中点处。

刺激此穴有清宣肺气、化痰止咳、平喘之功效，还兼治肩背痛。

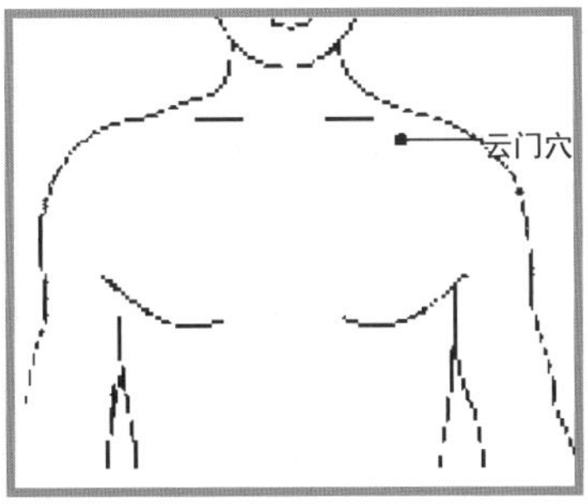

（2）尺泽穴——伸臂仰掌，肘窝处大筋外侧缘处。

刺激此穴可泄肺经实热，防治咳嗽、气喘及咽喉肿痛等症。按压尺泽穴，可泄上逆之肝气，缓解不良情绪。

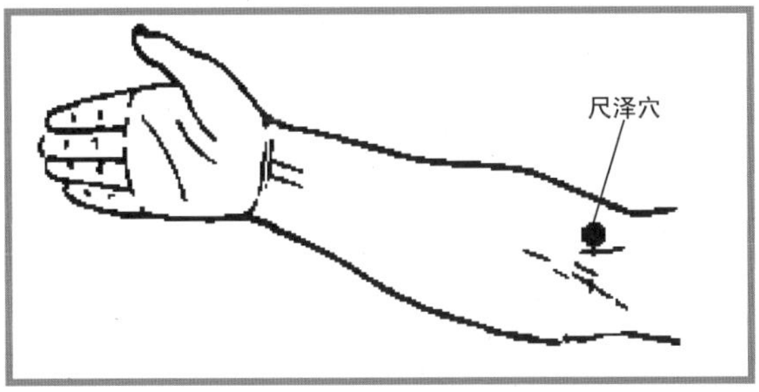

卯时：开穴时间为5时—7时，大肠经当令，即气血流注手阳明大肠经。

《皇帝内经·素问·灵兰秘典论》说："大肠者，传道之官，变化出焉。"大肠，食物的垃圾处理厂，排泄大便，是大肠功能最直接的表现。卯时天门开，与之相适应的户也要开，顺时排便清肠毒。"欲长生，肠常清。"早晨喝杯温开水，然后排大便，一身轻松。大肠每天排毒，能轻松保持美丽容颜；反之，便秘是美丽的杀手。

手阳明大肠经单侧有20个穴位，下面重点介绍2穴。

（1）合谷穴——第一、二掌骨间，第二掌骨桡侧之中点处。

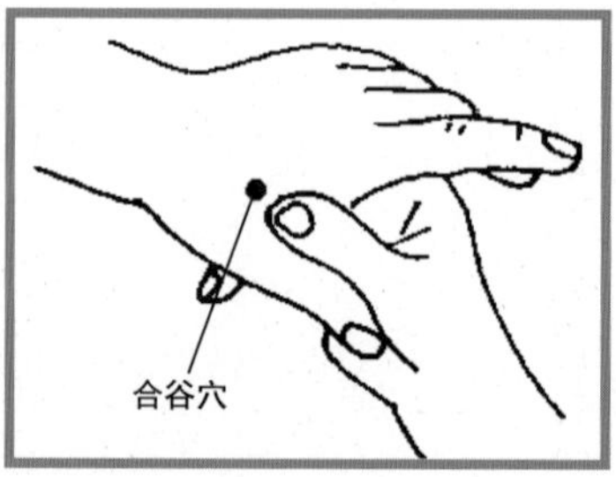

本穴为手阳明大肠经原穴，为养生保健要穴。"面口合谷收"，所以揉按合谷穴可调理面部的健康状况，主调节肺气，主治外感疾患，如头痛、牙痛、咽喉痛等，为消炎镇痛之救星。

（2）曲池穴——屈肘成直角，肘弯横纹尽头处。

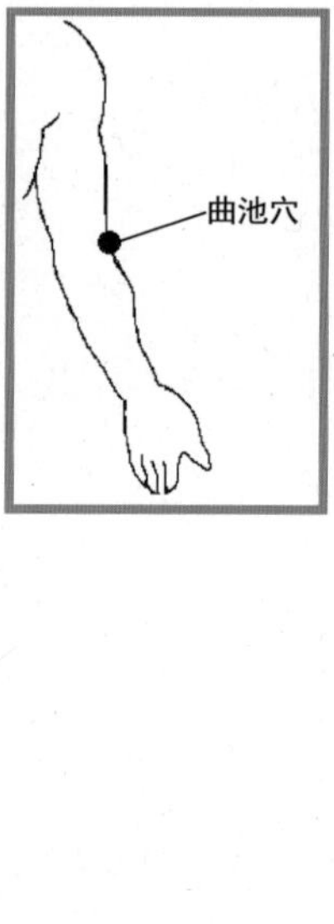

本穴为手阳阴大肠经的合穴，是该经最重要的穴位之一。刺激本穴有清热解毒、消肿止痛之功效，可以防治感冒、咽喉肿痛、腹痛、便秘，还能降血压、排毒，对肌肤起到保湿的作用，带给你由内而外的美丽。这也是宋庆龄的长寿经。

辰时：开穴时间为7时—9时，胃经当令，即气血流注足阳明胃经。

胃主通降，以降为和，起搅拌机的作用。胃为“水谷气海之海”，“辰时不吃饭，胃病迟早犯”，“养生不养胃，功夫全白费”。脾胃为后天之本，早餐宜丰盛，有营养。

足阳明胃经单侧有45个穴位，下面重点介绍2穴。

（1） 足三里——外膝眼直下3厘米，距胫骨前脊一横指处。

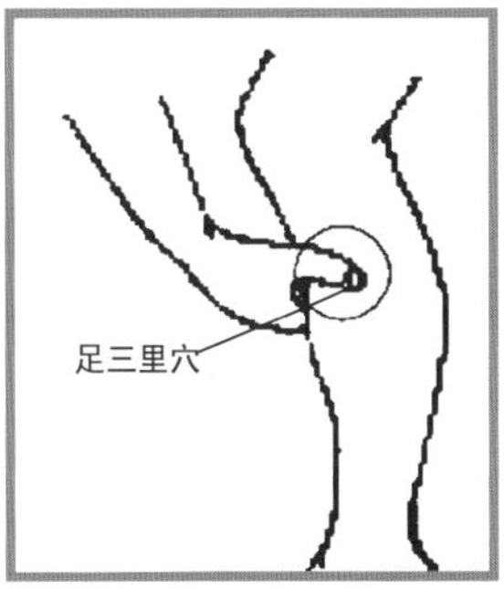

本穴为全身重要的保健养生大穴，是强壮机体的要穴，为人体第一长寿穴。刺激本穴能增强人体抵抗力、延缓衰老，具有益气养血、健脾补虚、扶正培元之功效。本穴还是治疗脾胃病的首选穴。刺激本穴主治胃痛、腹胀、泄泻、便秘等，还有舒经通络、祛风湿、止痹痛的作用。

（2） 天枢穴——肚脐旁开2厘米。

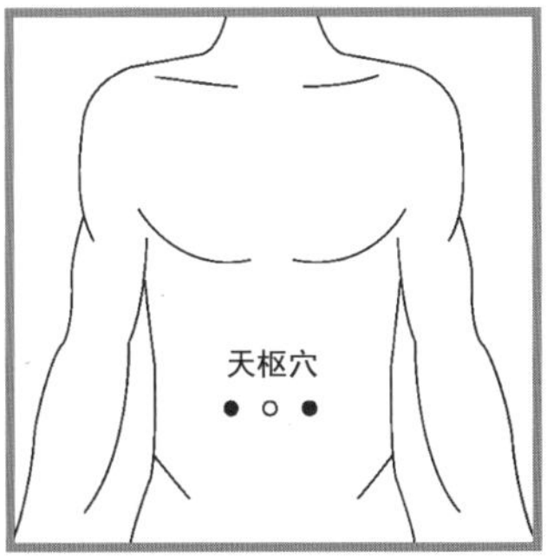

本穴是天地之气交会之处，为治疗肠胃病之要穴。常按此穴能调理肠胃、理气止痛、祛瘀止痛，特别对大肠有双向良性调节的作用，腹泻者能止泻，便秘者则能通便，对月经不调、痛经等也有防治的作用。

巳时：开穴时间为 9 时—11 时，脾经当令，即气血流注足太阴脾经。

“口唇者，脾之官也。”脾的功能好，消化吸收就好，血的品质就好，嘴唇就会呈现红润和光泽，否则看起来就会发白、发暗或发紫。中医认为“脾胃为后天之本”，脾主统血、主运化。脾能运化水谷精微，协助并促进胃的消化功能。

足太阴脾经单侧有 21 个穴位，下面重点介绍 2 穴。

（1） 三阴交穴——内踝尖直上 4 横指、胫骨内侧面后缘处。

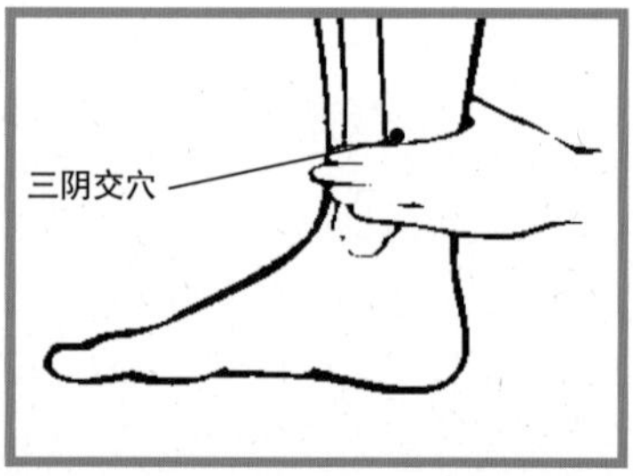

本穴是足太阴脾经、足厥阴肝经和足少阴肾经的交会穴，一穴覆盖三经。脾经、肝经和肾经发生的病症几乎都可取本穴治疗，刺激本穴具有健脾益气、温中补虚、疏肝理气、活血化瘀之功效，还有祛湿利水、利尿、消肿之效，能防治脾胃虚弱、腹胀、肠鸣、胃痛、消化不良等，还能辅助治疗月经不调、崩漏、经闭等妇科疾病。

（2）阴陵泉穴——膝部内侧，胫骨内侧后下方，胫骨粗隆下缘平齐处。

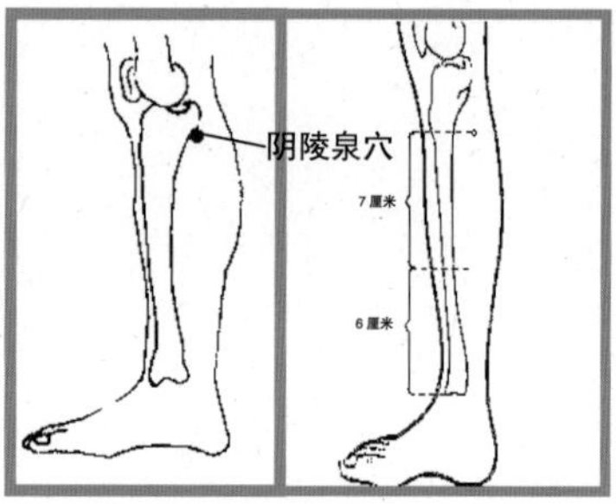

本穴是全身祛除湿邪的要穴，常揉按则能起到润通肠道、助排便的作用，有减肥之效，还能健脾和胃、理气降逆、舒筋活络、通利关节，防治膝痛、膝关节炎及下肢麻痹等疾患。

午时：开穴时间为 11 时—13 时，心经当令，即气血流注手少阴心经。

心者，君主之官，神明出焉。“心为一身之君主。”心主血脉，心藏神，主宰人体的各项生理功能。如果心脏出现问题，就会表现为血脉运行不畅、胸痛和神志异常，此时血不归经，应午休片刻，安神养心。

手少阴心经单侧有 9 个穴位，下面重点介绍 2 穴。

（1）神门穴——腕部，尺侧腕屈肌腱的桡侧凹陷处。

本穴为手少阴心经的原穴，元气所发之处，故名神门。刺激本穴能防治心痛、心悸、健忘、失眠、胁肠部疼痛等，还能辅助治疗高血压，有镇静、安神、固本的作用。

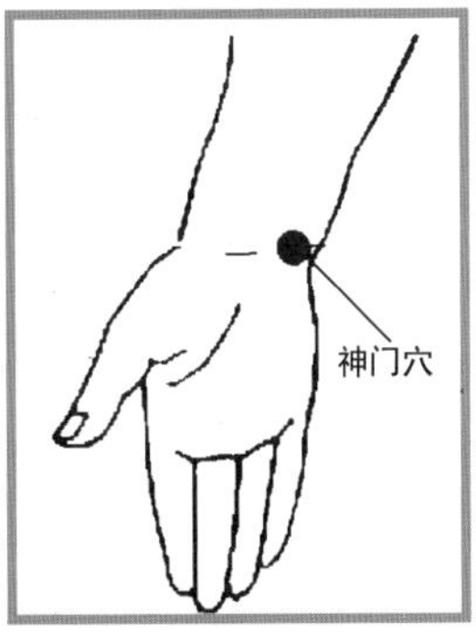

（2）极泉穴——腋窝顶点，腋动脉搏动处。

本穴为手少阴心经的首穴，常揉按可防治冠心病、心肌炎等心脏病，还有调节心律和改善上肢功能的作用。

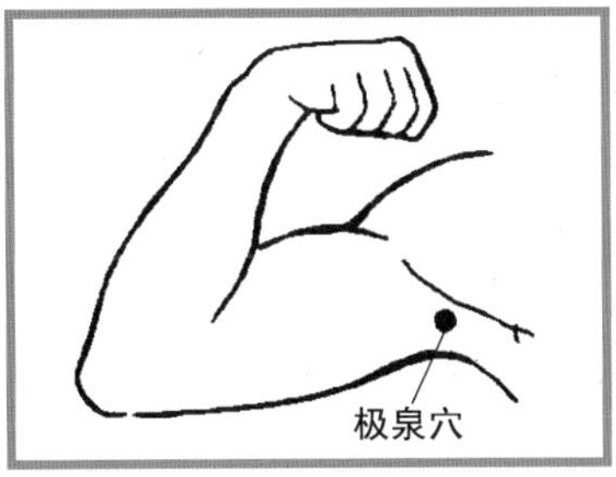

未时：开穴时间为 13 时—15 时，小肠经当令，即气血流注手太阳小肠经。

中医称小肠为“受盛之官”。小肠如同筛网一样，在人体中起过滤的作用。从胃部下来的食物清浊混杂，小肠把清澈的津液和精华营养成分吸收后，随血液输送全身，营养各脏腑，并将糟粕物质传递给大肠。另外，心与小肠互为表里，所以心脏有疾病的朋友在此时要稍微注意些，可能会出现心脏不适的症状。

手太阳小肠经单侧有 19 个穴位，下面重点介绍 2 穴。

（1）养老穴——前臂背面尺侧，当尺骨茎突桡侧骨缝凹陷处。

本穴为调治老人疾病的要穴，故名养老穴，是小肠经气血深藏积聚的穴位。刺激本穴有疏风、清肝、明目之功效，能防治视力模糊、听力下降、腰背酸痛等老年症状。

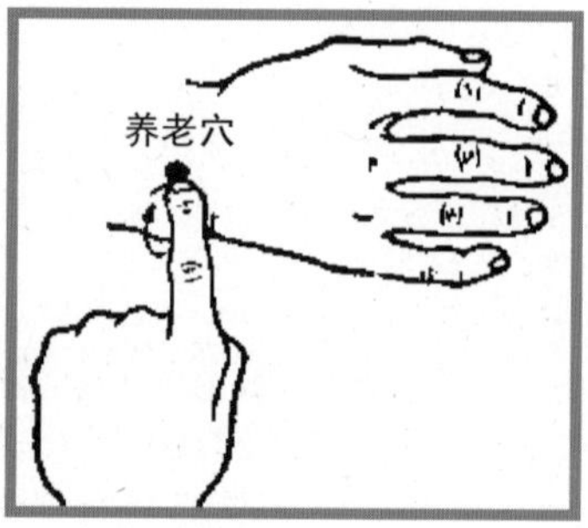

（2）颧髎穴——目外眦直下，颧骨下缘凹陷处。

本穴为面部美容的特效穴，刺激本穴有清热泻火、消肿止痛之功效，使面部气血调和，滋润而有光泽，作用不亚于面膜。

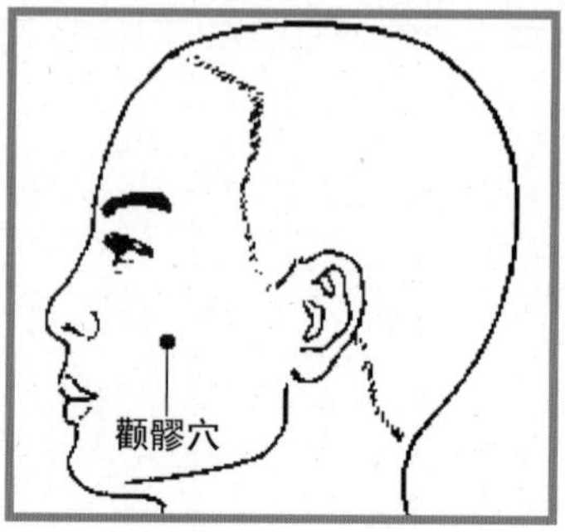

申时：开穴时间为 15 时—17 时，膀胱经当令，即气血流注足太阳膀胱经。

此时阳气非常旺盛，人的体力和耐力都达到顶峰，也可以说是体能的巅峰时刻，运动、学习两相宜。膀胱能像水库一样储存多余的水，又能像下水管一样排出废水。此时要多喝水、多排尿。

足太阳膀胱经有 67 个穴位，下面重点介绍 2 穴。

（1）肾俞穴——腰部，第二腰椎棘突下命门旁开 1.5 厘米处。

本穴为补肾气、治肾虚的要穴。刺激本穴具温肾健脾、益肾聪耳、培元固本、止咳平喘之效，能防治肾虚、腰膝酸痛、肾炎、阳痿、耳鸣等。

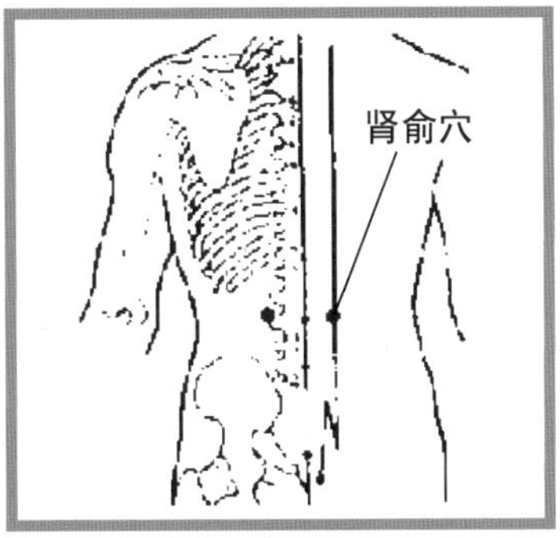

（2）委中穴——腘横纹中点，两大筋中间凹陷处。

“腰背委中求”，意思是如有腰背部不适，应当向委中穴求救。该穴是腰背的重要保健穴，刺激本穴有舒筋活络、清热解毒、泻火消肿之功效，能防治腰背痛、髋关节痛、风湿性膝关节炎等。

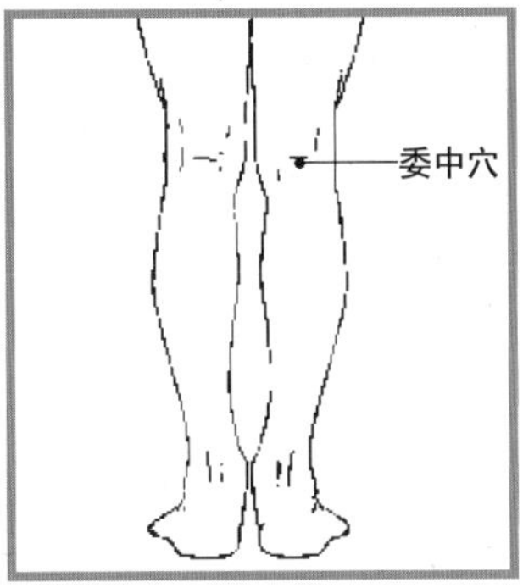

酉时：开穴时间为 17 时—19 时，肾经当令，即气血流注足少阴肾经。

“肾为先天之本”“肾主藏精”。肾具有藏精、主水和纳气的功能，肾脏中包含有生命的原动力，是生殖力的源泉。肾就如同汽车的发动机，没有发动机，汽车就不能开动。同样，若肾气不足，那么人干什么都会没精神。

足少阴肾经单侧 27 个穴位，下面重点介绍 1 穴。

涌泉穴——屈足掌，足底掌心前面正中之凹陷处。

此穴为养生保健之要穴。刺激本穴能使冲于头部的火气下行，同时还能振奋肾阳、滋补肾阴，有防治眩晕、头痛、咽喉痛、肾炎、阳痿及失眠的功效。

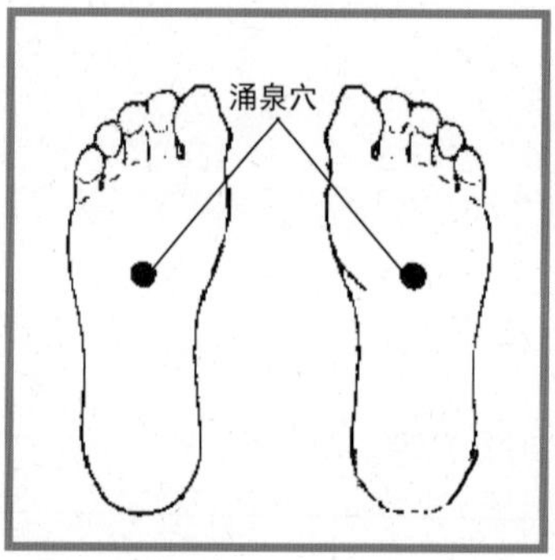

戌时：开穴时间为 19 时—21 时，心包经当令，即气血流注手厥阴心包经。

心脏是人体最大的动力之源，是人体的“君主”，攸关生死存亡。保护心脏的艰巨任务就由心脏外膜的心包来完成。心包用以保护心脏，不受外邪侵入。中医认为：“膻中者，臣使之官，喜乐出焉。”膻中就是心包，所以心包经旺盛的戌时，我们做事首先就是保持心情愉快。

手厥阴心包经共 9 个穴位，下面重点介绍 2 穴。

（1）内关穴——伸臂仰掌，掌后第一横纹正中直上 2 厘米（三横指），两肌腱之间。

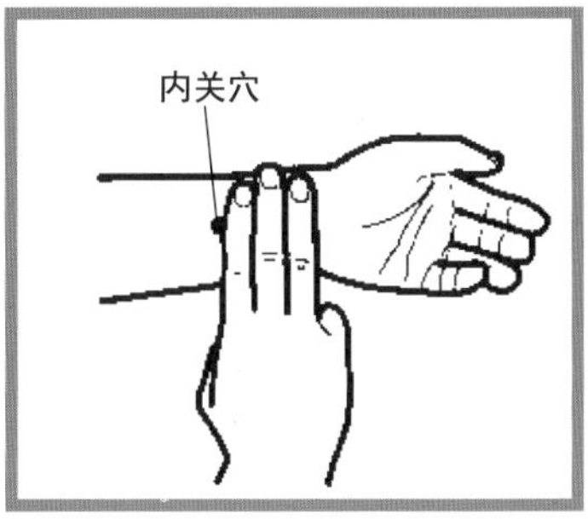

本穴为重要的保健养生要穴，是冠心病首选的日常保健穴。“胸胁内关谋。”本穴尤其善治与心脏有关的病症，具宽胸理气、和胃止痛、降逆止呕、祛风通络之功效，主要防治心痛、胸痛、胃痛、呃逆、偏头痛及脑卒中（中风）等。

（2）郄门穴——前臂掌侧，腕横纹上 5 厘米（七横指）两大筋间凹陷处。

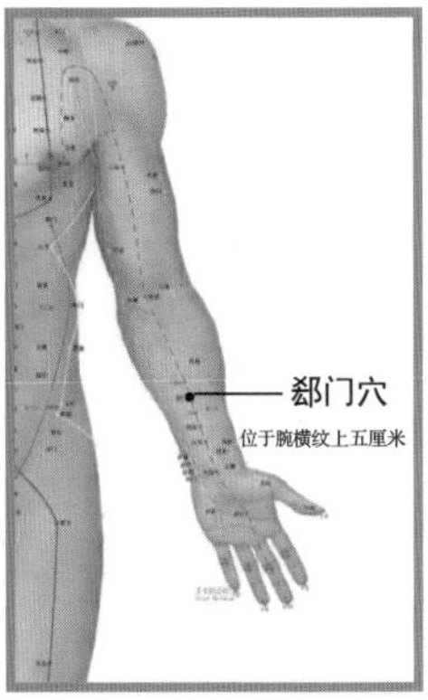

本穴为心脏病的急救穴。刺激本穴能防治心痛、心悸、心烦、胸痛等，对咳血、鼻出血等热性出血症有特效，还对肺功能有调整作用，可使血氧饱和度升高，机体不致缺氧，从而改善心脏功能。

亥时：开穴时间为 21 时—23 时，三焦经当令，即气血流注手少阳三焦经。

“三焦”中的上焦指胸腔，中焦指腹腔，下焦指小腹、下腹腔。三焦在身体中有疏通水道、运行水液的作用，把人体的气血合理分配给各器官，是气血通往五脏六腑的交通要道。经脉运行了十二个时辰，至三焦经已是最后一站，是六气运转的终点。此时是一日之中阴气极旺将衰、阳气已尽将生之时，天地归于安静，亥时入睡最养阴。此时若男女交合，能起到协调阴阳平衡的效果，也是孕育新生命的最佳时机。

手少阳三焦经单侧有 23 个穴位，下面重点介绍 1 穴。

外关穴——伸臂俯掌，腕背横纹直上 2 厘米，与内关穴相对处。

本穴为手少阳三焦经上重要的穴位。刺激本穴有祛风湿、通经络、止痹痛之功效，能防治头痛、耳鸣、牙痛、鼻出血等，还能防治上肢痛麻。

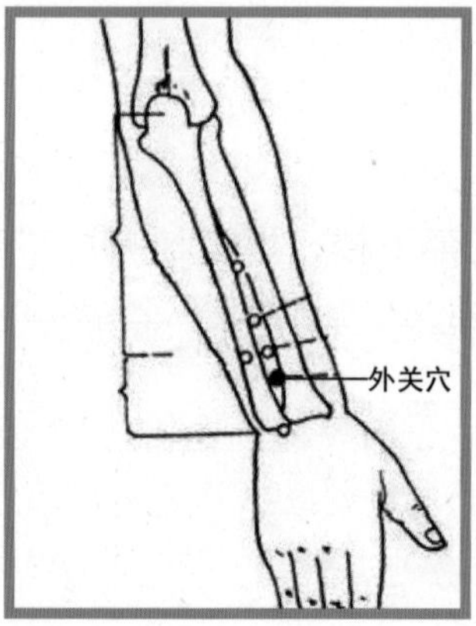

附录二 年轻的心

去年夏末。福州。公园。

我身居高处，俯瞰春光。

一座古桥、一条小河、一棵榕树，还有一位身着白衣、开合行拳的耄耋老者。远远望去，天人合一，组成了一幅气韵生动的山水画。

这位老者便是著名武术家曾乃梁老师，他正在演练太极养心功。看之，动静自如、收放自如、进退自如，令人感受到一种淡定的姿态、稳定的状态、镇定的心态。拳毕，一片悠闲之情，尽显大雅风范。

“咔嚓”一声，桥、河、树、人，定格成画面。

我放下相机，飞奔下楼，远远地喊：“曾老，昨晚刚到，未及拜会，近来可好？”“好，好，小韩。”洪钟般的声音愈来愈近。我快步向前，握住曾老师的手，开心地说：“您这是返老还童啊！”“太极养心功，是最好的‘还童’仙丹啊！”曾老说完一拍我肩膀，开怀大笑。

曾老在教学中严肃，在工作中严谨，生活中却很幽默。我脑子里突然浮出个问号：太极养心功，真有如此奇妙吗？

天地万物，凡人之所见、所行、所思、所悟，均由“心”出发。

这就好比一辆人生的列车，每一位车厢里的乘客，都是你身体里边的心念——爱心、静心、童心、信心、恒心等。在前行的路上你能做到身心和谐吗？遇人求帮助，你能拿出善心吗？他乡遇故知，你能拿出诚心吗？山穷水尽处，你能拿出信心吗？我认为，心到、想到、做到，这样的“心”是适合养生的。

当今，快节奏的生活让人的脚步越来越快，心也随之渐渐浮躁。“乱云飞渡”的信息，灯红酒绿的应酬，使“养心”成为都市人的奢侈品。我国每年因疲劳过度致死、因亚健康引起连锁疾病的群体正逐渐年轻化，白领一族是“重灾区”。身快心慢，导致阴阳失调。怎么办呢？唯有“养心”——重视养心，学会养心。很多人不懂得平衡身心，导致疾病，我就是其中之一。因长期从事新闻工作，经常加班加点，不注意饮食、睡眠，因此，三年前我曾得了肠胃疾病，饱受困扰。像我这类例子，比比皆是。我想：是否应该代表新闻同行，去一探究竟呢？

带着疑问，我随曾乃梁老师来到了福建华武功夫中心。

这里每天都有来自社会各界的人士随曾老师习练太极拳。此时，他们在卫香莲教授、曾卫红老师，以及两位曾老亲传弟子的带领下，正聚精会神地练习太极养心功。

我静坐一隅，看、听、记，不知不觉，一个时辰过去了。外面刮起了风，繁花摇曳，枝蔓摆动，好似也在“抻筋拔骨”。窗里窗外，散发着生命的芬芳，此情此景，怎能不养心呢？ 对于上班族而言，每天利用碎片化的时间练一练太极养心功，从长远计，甚好。口说无凭，我也抱着尝试的心态体验了一把。在曾乃梁老师的指导下，我学习了一些太极养心功的分解动作——身心放松，调整肢体，掌心相对运行，升降有度，开合随心，随心而动，吐纳随行。在运动中，我变得心态平和，犹如静水，往深处流，滋养五脏六腑，体与心同舒。

“人生总会有烦恼，想开放下是个宝；谦让豁达心底宽，长生仙药不用找。”生活中，笑，就要发自内心地笑，笑看大千世界；动，就要发自内心地动，动在千山万水。曾乃梁老师的太极养心功，我想：一是让大家通过物质养心——饮食；二是让大家通过运动养心——在动中拥有一个健康的身心，保持一份良好的心态，收获一个幸福的人生！

武术推广者、传媒人　韩　峰

后记

曾乃梁

我和卫香莲老师在编写《太极养心功》过程中，得到了河南省体育局李惠处长的关心、支持和指导，武术界老领导李杰为本书题词，福建省健身气功协会副会长、福建省武术协会副秘书长、中国武术七段、多枚武术金牌获得者曾卫红做了很好的示范。我的爱徒、福建省武术协会理事、华武宣联部副部长、华武准高级教练郑成伟在炎夏酷暑之际，利用业余时间认真编写，并反复推敲，几易其稿，付出了心血和辛劳。还有日本新泻中华总商会副会长、株式会社隆华贸易专务理事曾卫斌也为本书的编写做了很好的工作。在此一并致以衷心的感谢。